天皇家百五十年の戦い

［1868-2019］

日本分裂を防いだ「象徴」の力

江崎道朗
Ezaki Michiro

ビジネス社

はじめに――見落とされた「国家の命運と皇室の関係」

日本の命運と皇室はどのように関係しているのか。御代替りにあたって、改めてこの大テーマについて考えてみたい。

平成の三十年間に、皇室が大きな議論の主題となったことが何度かある。しかし、残念ながらどれも、皇室が国家の命運と密接に関わるものであることを踏まえた議論ではなかった。

たとえば、平成十六年末から十八年にかけて、時の小泉純一郎総理大臣が私的諮問機関として有識者会議を設置し、皇位継承について検討した皇室典範《てんぱん》改正論議があった。

ロボット工学者の吉川弘之・元東京大学総長を座長とし、十七回の会合を重ねた有識者会議は、女性天皇および女系天皇を認めること、皇位継承は男女を問わず第一子を優先とすることを骨子とした報告書を提出した。

平成十八年九月六日に悠仁親王殿下《ひさひとしんのうでんか》がお生まれになり、有識者会議報告書に基づく皇室典範改正法案提出は見送られたが、秋篠宮《あきしののみや》妃殿下の御懐妊が明らかになる前まで、小泉総理は法案推進に乗り気だった。

有史以来男系で継承されてきた皇統の継承を女系にも認めるということは、皇室を本質的に変えかねない、極めて重大な変更であることは言うまでもない。にもかかわらず、この問題をめぐる議論は、あたかも郵政改革の延長上の問題であるかのように表面的議論に流れる傾向が強かった。メディアの論調にも、日本国憲法に定められた男女平等の観点から女系を推進する意見や、「愛子さまが皇位をお継ぎになれないのはおかわいそう」というような見当違いの議論が見受けられた。

残念ながら、「皇室が我が国において如何《いか》に重大な御存在であるか」の認識が欠如していたと言わざるを得ない。

平成二十八年には、天皇陛下《へいか》が語られた「象徴としてのお務めについての天皇陛下のおことば」と、それに続く御譲位《ごじょうい》に関する議論があった。このときも、国家の命運と皇室の関係は正面から議論されてこなかった。陛下のお言葉がまさにその真摯《しんし》な議論を広く呼びかけるものであったにもかかわらず、である。

はたして、これでいいのだろうか。

皇室に関する議論では、戦後、「皇室は国政に関する権限を有しない」「皇室は政治に関わってはならない」ということだけが言われ、あたかも国家の命運、特に政治と皇室とが分離されたような議論が行われてきた。

御譲位に際しても、「陛下の御意向を踏まえて法律を作るのは憲法違反になりかねないから、そういうことをするべきでない」という議論が有識者会議やメディアで行われた。

確かに皇室は、政党、政治家による権力闘争には関わるべきではない。そういう意味では「皇室は政治に関わってはならない」という言葉は正しい。

しかし、日本の社会、日本の国家全体の中で、政治というのはごく一部の狭い世界にすぎない。政治や行政の手が及ばないところまで目を配り、国家の命運全体のことを考えてくださるのが皇室なのである。

アメリカの政治学者フランシス・フクヤマは、資本主義が成立するためには、「人的資本」、「物的資本（お金、土地、設備）」、「社会的資本（道徳・宗教に基づく社会的秩序）」の三つが必要であることを述べている（フランシス・フクヤマ、加藤寛訳『「信」無くば立たず』三笠書房、一九九六年）。皇室とは、フクヤマの言葉を借りれば、社会的資本を支える御存在なのだ。

天皇皇后両陛下が、戦歿者慰霊、災害被災者支援、福祉、スポーツ振興、芸術振興、農林水産業振興など、様々な形で国民のために活動して来られたことはよく知られている。

実はその根底には、国家と皇室の関係は如何にあるべきかについての明治以来の議論を踏まえた、確固たる思想がある。

陛下の御発言を丁寧《ていねい》に読み解いていくと、「党派による権力闘争」という意味での「政治」

よりはるかに広い視野で国家の命運に関わり、日本が良き方向に進むべく影響を及ぼすように行動して来られたことがわかる。

そこで本書では、明治維新以降の国家と皇室をめぐる百五十年にわたる議論を振り返りながら、日本国憲法体制において初めて皇位を引き継がれた天皇陛下が、自由と民主主義を奉じるこの日本を根底から支えるために、いかなる戦いを繰り広げてこられたのか、どれほど全身全霊で国家の命運に関わる務めを果たされてこられたのか、知られざる皇室の戦いに焦点を当てている。

新たな御代を迎えるにあたり、日本が日本であるために、日本が自由と民主主義体制の下でよりよい国となっていくためにも、その戦いをわれわれ国民は知っておくべきだと考えるからである。

最後に、本書の上梓にあたって、山内智恵子さんと佐藤春生さん（ビジネス社）には、本当にお世話になった。資料や論文、お言葉をめぐる受け止め方について、三者で徹底した議論をしたことで本書に多角的な視点を加えることができた。深く御礼申し上げたい。

平成三十一年三月吉日

江崎道朗

天皇家　百五十年の戦い

目次

第二部　皇室解体の逆風——昭和天皇と天皇陛下の苦悩

第五章　皇室の伝統と日本国憲法

第三部　日本分裂を防いだ皇室の伝統

第六章　平成の御巡幸

第七章　慰霊の旅

第八章　沖縄とのかけはし

第九章　災害大国を癒やす力

第十章　敗戦国という苦難

第一部　君民共治という知恵――近代国家と皇室の関係

第一章　中江兆民と「君民共治」

明治の指導者層を襲った「共和制」の衝撃

たった百五十年前のことであっても、われわれは知らないことが多いものだ。学校の歴史教科書に書かれていることなど、その時代のごく一部のことにすぎず、実際の歴史は多様だ。ちょっと調べただけで、そんなことがあったのかと驚くことが多いのが歴史というものだ。

本書では、皇室と国家の関係について幕末から説き起こすが、それは、現在に至る近代国家の出発が幕末・明治維新にあると考えているからだ。

幕末の動乱期に孝明《こうめい》天皇が次のような御製をお詠《よ》みになったことはよく知られている。

すましえぬ　水にわが身は沈むとも　にごしはせじな　よろづ国民

濁《にご》った水に自分は沈もうとも、日本中の国民たちをそのような目には遭《あ》わせたくない、という意味だ。イギリス、ロシア、アメリカなどの国々が日本に押し寄せ、日本の独立は危うくなってきているという危機感の中で、なんとしても国民を救いたいというお気持ちを詠まれたものだ。

国難をなんとしても打開したいと切実に願われている孝明天皇の存在は、列強侵略の危機に対して当時の徳川幕府が毅然《きぜん》とした対応ができないでいることを憂うる攘夷《じょうい》派の志士たちの間で大きな希望になっていく。

列強侵略の危機が迫《せま》る中、それに対応できない「徳川幕府」と、「国民の団結と国難打開の祈りを捧《ささ》げられる孝明天皇」という対比が明確になっていく中で、皇室が明治維新を推進する要となっていった。いわゆる尊王攘夷である。

そして、列強への対応に苦しみ、権威を失った幕府に代わって、皇室を奉じた薩摩《さつま》藩（鹿児島県）と長州《ちょうしゅう》藩（山口県）といった雄藩《ゆうはん》が結集し、明治新政府を樹立する。

ところが、徳川幕府に代わって日本の政治を担当した、その明治新政府の指導者層は必ずしも皇室尊崇《そんすう》でまとまっていたわけではなかった。

明治初期は、日本が侵略の危機に対応すべく近代国家を建設しようとした時代である。西洋列強の文明から何を取り入れ、どのような国家体制を築いていくのか。近代国家構想の大きな焦点となったのが、国政と皇室の関係だった。

当時の日本の指導者層は、自国の独立を守るために列強の「文明」を取り入れなければならないと考え必死に学び始めたのだが、そこで「共和制」（大統領制）という政治体制を知ることになる。

日本が追いつくべき欧米列強の中にフランスとアメリカという二つの共和制の国があったし、共和制の理論や革命の歴史についての知識もどっと入ってくるようになった。これは、明治の日本の知識人たちにとって大きな衝撃だった。

日本も独立を守るためには、王政ではなく、フランスやアメリカのように共和制を採用すべきではないのか。そうした疑問が、明治日本の指導者層を悩ませることになるのだ。

神道思想家の葦津珍彦《あしづうずひこ》氏は「明治民権家の天皇制理論――福沢諭吉と中江兆民――」（『葦津珍彦選集第一巻』所収、神社新報社、平成八年）の中で、この共和制との出会いによって、維新開国当初の日本人が初めて、君主制の存在理由についての問題意識に直面したと指摘している。

葦津氏によると、それまで日本が知っている外国は清《しん》国、朝鮮、オランダなど、すべて君主を戴《いただ》く国々だった。共和国というものがあることを知らないわけではなかったが、君主制とどのように違うかを詳しく知っていたわけではなかった。だが開国後に知識人たちはアメリカやフランスに代表される共和国の制度、政治理論、歴史などを知ることになる。

これがどれほどの思想的動揺を引き起こしたかを示すエピソードとして、葦津氏は、当時の有名なジャーナリスト福本日南《にちなん》が、明治末期に佐佐木高行《たかゆき》から聞いた次のような回顧談を、福本日南の『清教徒神風連』から引用・紹介している。

佐佐木は土佐《とさ》藩士で坂本龍馬《りょうま》とともに大政奉還運動に参加し、維新後は政府に参画して岩倉使節団に随行《ずいこう》、帰国後は参議兼工部卿《きょう》、枢密《すうみつ》顧問官などを務めた人物である。

《今日は、御代御繁昌の為に、一世の人皆皇室を尊崇し奉り、甲《たれ》も乙《かれ》も生れながら勤王の志を有するかの色容をなすに至ったのは、此《この》上もなく歓ばしい事である。が、皇室の此に至らせられるまでには、中々御容易な御事ではなかった。明治四年、岩倉公の欧米各国に巡使された際などには、船中から一行の間に国体論が起り「我日本をして列強と対峙せしむるには、国体から改めなければ到底不可能ぢゃ」との論が多数を占めた。自分は之に対し、躍起となって毎日毎日抗論したが、何時も負ける。其《その》間、自分に応援してくれられたのは、岩倉公唯一人。其公とても別に名論があるといふでもない。ただ「其の行けぬ処をやりぬいて、日本は在るのぢや」といふ一本槍であった。かかる情態の時もあったが、こんにちは再び大本に立ち返って、皆勤王家顔する時代となったのは、世に難有い事である》（同前。傍点葦津）

明治新政府の主流を担った薩摩藩と長州藩は、皇室を戴く印である錦旗《きんき》を立てて戊辰《ぼしん》戦争を戦った。

薩長の新政府軍が徳川幕府軍に勝てたのは装備と士気が優っていたこともあるが、皇室の権威を背負う官軍となったことで幕府軍の戦意を挫《くじ》いたことも大きかった。

ところがその新政府の指導者たちは、欧米に向かう岩倉使節団の船の中で、「列強に対抗するためには日本も共和制にしなければならないのではないか」という議論を毎日繰り広げ、皇室を擁護《ようご》する佐佐木は負け続けだった、というのだ。

しかも、唯一佐佐木に味方してくれた岩倉具視《ともみ》でさえも、きちんとした議論ができたわけではない。アメリカもフランスも共和制で発展して大国になっているのだから、日本もそうすべきではないかという使節団員たちに対して、理屈も何もなく、ただ、「そうは言っても日本は皇室で行くしかないじゃないか」と言うばかりだったというわけだ。

これら新政府の指導者層は本気で皇室をなくし、日本を共和制にしようと考えていたのだろうか。

そうではない、と葦津氏は言う。

葦津氏は、「明治政府の秀才官僚たちが、実践的課題として国体の変更を主張したり考へたりしたとは思はないが、かれらが民主共和制の理論に対決して、日本の天皇制の存在理由を説明すべき理論を発見しえないので、そのために尊王の志の深い佐佐木高行などに難問をもちかけ、大いに困らせたものであらう」と述べている。

皇室を戴く日本に戻る、つまり「王政復古」を成し遂げた明治維新ではあったが、当時の指導者層の多くは、天皇が直接、政治を担当する天皇親政で上手く行くなどという確信は持てなかった。

鎌倉幕府を滅ぼして後醍醐《ごだいご》天皇を助けた楠木正成《くすのきまさしげ》は王政復古を掲げた幕末の志士たちにとって英雄だったが、後醍醐天皇の親政体制である建武《けんむ》の新政が失敗に次ぐ失敗で機能せず、わずか二年で瓦解《がかい》したことも明治の知識人たちは知っていたからだ。

皇室の存在意義を力説し「君民共治」を説いた中江兆民

指導者層がこのように思想的に混迷している中で、維新後から明治十年代にかけて自由民権運動が盛り上がっていく。

明治維新を成し遂げた日本は、近代民主主義国家を目指したものの、維新直後にはまだ国会もなく、新政府は主として薩摩藩と長州藩出身者たち、いわゆる藩閥で運営されていた。自由民権運動は、薩長出身者だけでなく、より広く民意を反映するような民主主義体制を求める運動であり、そのシンボルが国会の開設だった。

この自由民権運動に思想的に大きな影響を与えたのは、フランス革命の理論的基盤となったジャン・ジャック・ルソーの思想だ。

ルソーの『社会契約論』が『民約論』という表題のもと初めて日本語に翻訳されたのは明治十年のことだが、ルソーの紹介者として名高いのは何と言っても中江兆民《なかえちょうみん》だ。

中江兆民は明治十五年に『社会契約論』の翻訳書『民訳約解』を刊行した。弟子の中に大逆《たいぎゃく》事件（明治天皇暗殺を企てた容疑で社会主義者が逮捕された）を起こした幸徳秋水《こうとくしゅうすい》がいたこともあって、急進的な「天皇制」否定論者だと誤解されることが少なくない。

ところが、実は中江兆民は著作の中で、皇室の存在意義を何度も力説しているのである。

以下、葦津珍彦氏の「明治民権家の天皇制理論」（『葦津珍彦選集』第一巻、神社新報社）に基づいて葦津氏の分析を追っていく。

明治十四年、兆民は『東洋自由新聞』紙上で、当時の民権家たちのうちに流れる「天皇制」

否定思想の傾向を批判し、次のように述べた。

《政体の名称数種あり、曰《いわ》く立憲、曰く専制、曰く立君、曰く共和――今や海内の士、皆政治学に熱心し政体の是非得失を講ぜざる者なし――共和の字面に恍惚意を鋭して必ず昔年仏国の為せし所を為して、以て本邦の政体を改正する有らんと欲する者亦《また》其人なしとなさず。其迷《めい》謬《びょう》固《もと》より不学寡聞《かぶん》の致す所にして未だ深くとがむるに足らずとも雖《いえど》も、今にして其惑を弁ぜずんば、ただに莠苗淆乱《ゆうびょうこうらん》大に我胥自由の暢路《ちょうろ》を妨碍《ぼうがい》するのみならず、亦た恐くは――国家元気の幾分を戕賊《しょうぞく》する有らん――》（『葦津珍彦選集』第一巻、神社新報社。傍点葦津）

今、日本国中で人々が政治学に熱中し、立憲政体、専制政体、立憲君主政体、共和政体などのどれがいいのかを議論している。「共和」という字面にうっとりして日本もフランスのような政体にすべきだという人もいる。勉強不足でそういうことを言っているのだから咎《とが》め立てするには当たらないが、雑草がはびこるようなもので、今のうちに誤りを指摘しておかないと本当の自由を妨げ、国家を害することになる。

《共和政治の字面たるやラテン語の「レスピュブリカー」（リパブリックのこと）を訳せるなり。

「レス」は物なり「ピュブリカー」は公衆なり。故に「レスピュブリカー」は即ち公衆の物なり公有物の義なり——其本義此の如し。故に苟《いやしく》も政権を以て全国人民の公有物となし一に有司に私せざるときは皆「レスピュブリカー」なり、皆な共和政治なり、君主の有無は其間はざる所なり》（同前）

　共和政治というのはラテン語の「レスピュブリカー」を訳した言葉であって、政治を一部の人々が独占する有司専制ではなく、全国人民の公のものとしている政体であれば、どれも「レスピュブリカー」なのだ。君主の有無は関係ない。

《然れば即ち今に於て共和政治を立てんと欲せば、其名について之を求めん乎、将其実を取らん乎——》（同前）

　すなわち、共和制という名前にこだわってアメリカやフランスのように君主がいない形を考えるのか、それとも政治を公のものにするという実質を重視するのか。名前にこだわるよりも、政治は人民、公のためにあるという実質を重視すべきなのだ。

《即ち現今仏国の共和政治のごときも之を英国立君政体に比するときは、其の共和の実果していづれに在りとなさん乎、是によりて之をみれば、共和政治固より其名に眩惑《げんわく》すべからざるなり――》（同前）

政治が公のものであるという考え方に立って見れば、イギリスの立憲君主政体とフランスの共和制体のどちらがまともか。どちらが実質的に政治を公のものにしているか。答えは明らかではないか。イギリスの立憲君主政体の方が人民、公のための政治になっている。名前に幻惑されてはいけない。

《仲尼《ちゅうじ》曰く必ずや名を正さん乎《か》と、名の正しからざる一日数千万の善男子をして長く五里霧中に彷徨《ほうこう》して出る処を知らざらしむるに至らん、是れ乃《すなわ》ち吾儕の「レスピュブリカー」の実を主として其名を問はず、共和政治を改めて君民共治と称する所以なり》（同前）

孔子の言葉にもあるように、名前が正しくないと、大勢の善良な人々が惑わされて混乱してしまう。だから、今後は「レスピュブリカー」の訳語として、実質を重視して「共和制」ではなく、「君民共治」の語を用いることにする、と兆民は言うのである。

国王や一部の特権階級のための政治ではなく、公、すべての人民のための政治を「リパブリック」と呼ぶのだとするならば、その訳語は日本の場合、「君民共治」こそ相応《ふさわ》しいと、兆民は指摘したのだ。

フランス革命の研究により「君主制」を擁護

次に、兆民は『三酔人経綸問答』（明治二十年）の中で、当時知識人の思想的底流にあった君主制否定論を批判している。

『三酔人経綸問答』は、酒好きの南海先生のところに、西洋近代思想を学んでスマートに洋服を着こなす洋学紳士君と、和服の着流しで大陸への膨張《ぼうちょう》を唱える国権論者の豪傑《ごうけつ》君が訪ねてきて、酒を酌み交わしながら政治論を戦わせるという趣向の著作である。

洋学紳士君は、文明の進歩に必然的法則があり、その法則に従うならば戦争放棄、軍備廃止が要求されると説く。そして、君主制を廃止して共和制に移行することが文明の「進化の神」の意思であると言う。

南海先生は、洋学紳士君が目指すものが民権と自由にあるのだろうと認めつつも、進歩の法則を抽象的に簡単に考えすぎていると断じる。

《進化の神にも憎むところのものが一つあることは、知っておかねばならない。政治家はとくに知っておかねばならない。政治家のくせに、進化の神の憎むところのものを知らないなら、まったく計りしれぬ禍いが生まれます。われわれのような書生は、たとい進化の神の憎むところのものを知らずに、言い、行ったところで、その禍《わざわい》の及ぶのは、たんに自分自身だけのことです。(中略)ところが政治家が、進化の神の憎むところのものを知らずに施政したばあいには、いく千万の人間が、その禍いをこうむるでしょう。ほんとうに恐ろしいことです》(桑原武夫・島田虔次訳注、中江兆民『三酔人経綸問答』岩波文庫)

進歩の法則といった洋学紳士君の説を、現実の具体的な条件を無視して日本に適用すれば何千万人もの人々が苦しむことになりかねない。

《紳士君、あなたがもし、あなた一個人の脳髄《のうずい》のなかの思想を崇拝し、すすんで大衆にもこれを進化の神として崇拝させようとするならば、これはちょうど紙の上に墨で一つの点を書き、大衆にこれを完全な円と認めさせようとするようなものです。それは思想上の専制です。進化の神の好まないこと、学者として気をつけなくてはならぬことです》(同前)

単に自分一個の思想にすぎないものを、これこそ歴史の法則である、必然的な文明の進化の要求するところであると独善的に押し付けては、専制になってしまう。

兆民は南海先生の口を借りて、日本の大方針を次のように述べた。

《ただ、立憲制度を設け、上は天皇の尊厳、栄光を強め、下はすべての国民の幸福、安寧《あんねい》を増し、上下両議院を置いて、上院議員は貴族をあて、代々世襲とし、下院議員は選挙によってとる、それだけのことです。くわしい規則は、欧米諸国の現行憲法を調べて、採用すべきところを採用すれば、それでよろしい。こういうことは、一時の議論で言いつくせるものではありません》（同前）

そして、南海先生の説は少しも奇抜なところがない、今どき子供でも下男《げなん》でも知っているようなことばかりではないか、と言う豪傑君と洋学紳士君を、南海先生はこう諭している。

《ふだん雑談のときの話題なら、奇抜さを争い、風変わりをきそって、その場かぎりの笑い草とするのももちろん結構だが、いやしくも国家百年の大計を論ずるような場合には、奇抜を看

板にし、新しさを売り物にして痛快がるというようなことが、どうしてできましょうか》（同前）

中江兆民は『三酔人経綸問答』刊行直後に、大衆的な啓蒙《けいもう》書『平民の目さまし』を出版した。兆民は有司専制（薩長出身者たちによる政治の独占）を強く批判する一方で、皇室については次のように語っている。

《天子様の尊き事は上もなき事にて、国会や我々人民や政府や皆孰《いず》れが尊く孰れが卑《いやし》きと言ふ事が出来るなれど、天子様は尊きが上にも尊くして外に較《くら》べ物の有る訳のものでは無い、畢《ひっ》竟《きょう》天子様は政府方でも無く国会や我々人民方でもなく、一国衆民の頭上《とうじょう》に在《ましまし》て、別に御位《みくらい》を占させ給ふて、神様も同様なり。（中略）時勢如何に転ずればとて人情如何に変ずればとて、我国人民の身として天子様の御位に対し奉《たてまつ》りて、とや角と喙《くちばし》を動かす者はよも有らじ。英国抔《など》は昔より王家の御姓《ぎょせい》が屡々《しばしば》革まりたることにて我国と較ぶ可きには非ず（中略）一口に言へば内閣の更迭とか国会の争論とかは譬へば海洋《うみ》の波濤《なみ》の様なもので、天子様は堅牢なる鉄艦《ふね》の様なものジャ、（中略）天子様は常に一天万乗の君にて、国会の未《ま》だ開けざる今日《いま》と、既に開けたる二十三年後と、少も変る訳の物では無きと心得可し》（中江篤介『中江兆民全集』第一〇

巻、岩波書店）

自由民権運動の盛り上がりの中で、政治の主導権は、「政府」か「国会」か「人民」かという議論が活発に行われていて、しかも「天皇は政府の味方だ」とか、いや「国会の味方が、人民の味方だ」などとあれこれと言われているが、天皇は、政府、国会、人民の争いを超えたところに存在するのであって、そうした天皇が存在して下さることで、日本はどっしりと荒波を進むことができるものなのだ。

——こうした兆民の主張について葦津氏は、「当時の官僚秀才連中が皇室の尊栄《そんえい》について書いた多くの文章と、在野過激書生の煽動《せんどう》者と見られた兆民のこの文章とを比較してみるがいい。この尊皇の文には、官僚の文よりも庶民的ではあるが、はるかに重厚荘重《そうちょう》な風格が感ぜられる」と評している。

ギロチンによる恐怖政治をもたらしたフランス革命の歴史を徹底して学んだ兆民だからこそ、説得力ある形で日本がなぜ皇室を戴く民主主義国家を守らなければならないのか、その理論を提示することができたのだ。

いつの時代でもそうだが、官僚たちよりも、広い視野で世界と日本の在り方を見ている在野の知識人の方が、世の中を動かす文章を生み出すことができるものなのだ。

イギリスの保守思想家バークを紹介した金子堅太郎

自由民権運動が明治新政府の藩閥《はんばつ》専制に反対し、近代的民主主義体制を求める運動だったのは事実だが、「新政府」対「民間」、「天皇を奉じる政府」対「議会制民主主義を求める自由民権運動」という単純な構図だったわけではない。

そもそも自由民権運動家の代表格である大隈重信《おおくましげのぶ》自身、後に述べる明治十四年の政変で下野するまでは維新後の新政府で大蔵卿を務めながら自由民権運動を主導していたし、大隈以外にも自由民権運動に参画している官僚は大勢いた。

明治十年代には「嚶鳴社《おうめいしゃ》」、「共存同衆」、「交詢社《こうじゅんしゃ》」など自由民権・国会開設を主張する政治結社が続々と誕生しており、官僚の参加者も少なくなかった。

こうして官僚たちが民権運動に関わり、ルソーの思想に影響され、皇室の存在意義を確信できずに思想的に混迷していることは、明治政府にとって脅威であった。

この脅威を乗り越え、王政打倒と共和制への転換、革命を推奨するルソーの議論に対抗するため、明治新政府の政治家や高官たちが注目したのがエドマンド・バークの議論であった。

バークは明治維新をさかのぼること約百年前の英国の下院議員で、フランス革命を批判し、フランス革命に影響されて英国に過激な革命思想を持ち込もうとする議員たちを敢然と論難した保守政治家である。

バークの議論を明治新政府の高官たちに紹介したのは、のちに伊藤博文の助手として大日本帝国憲法制定に関わることになる金子堅太郎《けんたろう》であった。

金子堅太郎は明治四年、岩倉使節団に同行して渡米し、ハーヴァード・ロー・スクールで法学を学んだ。帰国後、明治十三年に元老院傭《よう》（出仕）となった金子を、前述の佐佐木高行（当時元老院副議長）が招いてこう質したという。

《「昨今、世に謂ゆる民権論者は、頻《しき》りに仏国人ルーソー著述の『民約論』の反訳書を宣伝して、盛《さかん》に自由民権を主張しつゝあり、然《しか》るに欧米の政治の学界には、独り自由民権の学説のみにして、保守漸進の学説を論ずるものはなきか」》（高瀬暢彦編著『金子堅太郎『政治論略』研究』日本大学精神文化研究所）

昨今、民権論者たちはしきりにフランスのルソーが書いた『民約論』の翻訳書を宣伝してさかんに自由民権を主張しているが、欧米の政治学界にはこういう革命論のような議論しかないのか。保守漸進の学説はないのかと、佐佐木は金子に尋ねたのである。

明治政府の官僚たちは欧米列強に抗して日本の独立を守るために、欧米の政治論や政治史を必死に学んでいた。

だが、当時欧米では、ルソーに代表される進歩主義の社会思想が盛んな時期だったこともあり、どうしてもルソーの革命理論のようなものばかりを学ぶことになってしまう。これは明治政府にとって深刻な問題だった。

金子は「余《よ》が米国留学中愛読したる英国の政治家エドモンド・バークの著書二種あり。これはルソーの民約論を反駁《はんばく》攻撃したる名論卓説なり」と答え、佐佐木の求めに応じてバークの著書二冊、『フランス革命の省察』と『新ホイッグ党員から旧ホイッグ党員への訴え』の二冊の重要部分を抜粋・抄訳してまとめた。『政治論略』である。

金子の『政治論略』は、単なる抄訳ではなかった。

ルソーやトーマス・ペイン（バークの論敵）の主張とバークの学説とを対比させ、理論史や学説史の流れを抑えつつバークの学説の骨子を明快に示した力作であった。

金子堅太郎研究の第一人者・高瀬暢彦《のぶひこ》日本大学法学部名誉教授は『金子堅太郎『政治論略』研究』で、『政治論略』は単なる翻訳の域を越えており、深い学識を背景にした金子独自の著作とみなしてもよいほどのものだと評価している。

金子は『政治論略』において、ルソーの『民約論』を次のように要約している（引用にあたって、読みやすくするために片仮名・旧仮名遣いを平仮名・新仮名遣いに変え、一部の漢字を平仮名にし、必要に応じて句読点を補った)。

《現今の社会たるや萎靡《いび》衰頽《すいたい》ほとんどその極に達して之《これ》を改良するの機会は業に已に経過せり、故《ゆえ》に今日艱苦《かんく》を厭《いと》わず不幸を顧みず、もっぱら時弊《じへい》を矯正《きょうせい》して之を維持せんと欲するも、到底《とうてい》之をして開明の域に進歩せしむること能わざるを以て苟《いやしく》も進取の気象ある学士論者は断然現社会を破毀《はき》して旧制古典を一掃し、更に公平無私なる民約政治の主義に由《よ》り新たに社会を組立つるの外良策なしと》(同前)

今の社会はほとんど衰退の極限に達しているから、部分的改良でどうにかなる段階はとっくに過ぎてしまっている。従って、仮にも進取の気性のある知識人たるものは、断然、今の社会を破壊して古い体制を一掃し、さらに公平無私な社会契約論(社会契約によって正当な政治体〔国家〕が成立するという考え)に基づいて新たな社会を組み立てる以外に方法はない——ルソーはこう主張している。

《その論旨文章は多く論理の矛盾あるに関らず、もっぱら人情の感触を目的とせしものなるがゆえに、その仏国人民が数十年来虐政のために塗炭の中に陥り怨望《えんぼう》の極度終に政府を顚覆《てんぷく》せんと欲して未だ依頼すべき有力者なきを歎ずるの際に乗じ、たちまちその思想を幻惑し、その心緒を狂乱し、ついに「ルーソー」を以て人民の父母なり政治の泰斗なりと尊称し、その徒「マラー」の如きは巴里市街において数百の人民を集め「ルーソー」の民約論を朗読しその論理を註解し、満場の傍聴人は皆拍手喝采して四面之れがために震動し以て欧洲一般の人心を揺がすに至り、法律学校の教授もまた民約論を以て政治の標準なりと認め、争って生徒をして之を研究せしむるに迨《およ》べり》（同前）

ルソーの論旨には論理の矛盾が多いが、人の感情に訴える目的のものだったため、フランスの人民が虐政《ぎゃくせい》の中で数十年来塗炭《とたん》の苦しみに陥って政府転覆を望みながらも、頼るべき有力な言論がないことに乗じて、たちまち人々を眩惑《げんわく》し、心を狂乱させ、ついにルソーを人民の父母、政治の権威と崇《あが》めるようになった。

フランス革命の指導者マラーはルソーの社会契約論で人々の心を揺り動かし、法律学校でも政治の標準として学ばせるようになった。

《数年にして革命の毒気は仏国の中央に迸発《ほうはつ》し、悪逆の暴民はついに万乗《ばんじょう》の帝王を弑殺《しいさつ》し、貴族僧侶《そうりょ》を鏖《みなごろし》にし、無辜《むこ》人民の腥血《せいけつ》を市街に迸流《へいりゅう》せしめ、政府を転覆してことごとく邦家の基礎を破壊し、もっぱら彼らの空論に因て社会を新設し共和政府を建置したり》（同前）
《政治の議論数種に分裂しやすく、而してその分裂する時に多数の人民は常に少数の人民を圧制し、その結果の惨毒なるや一人なる君主の圧制よりも頗る猛烈なるものと云うべし》（同前）

ついにフランス革命が起きて国王、貴族僧侶、何の罪もない多くの国民が殺され、社会の基礎はすべて破壊され、社会契約論に基づく共和政府が設立された。

だが共和制の政治というものは、政治の議論の分裂によって多数派が少数派を弾圧することになり、その悲惨さは君主制の圧制より激しくなるものだと、金子は『政治論略』において指摘する。

「祖先から継承した遺法」を守るのが「保守」

では政府を建設するというのはどういうことなのか。『政治論略』では、バークの主張を次のように紹介している。

《政府を建設することは一世の人民が独り契約したるに非《あら》ずして、既に九泉《きゅうせん》の黄壌《こうじょう》に化せし祖先と目下《もっか》政府に支配せられたる人民と及び爾後《じご》出生する所の子孫との三種に関係ある契約を旧来より遵守せしものなれば、決して一時人民の思想に依て指揮せらるるものに非ず》（同前）
《いたずらに自由の虚声に眩惑せられず、深く自由の尊崇すべき原因を探求し、永くその位地をして神聖犯すべからざるものとなさしむるにあり》（同前）

政府を建設することは、現在生きている世代の国民だけの問題ではない。すでに亡くなった祖先たちの世代、現在生きている世代、そして、今後生まれてくる子孫の世代に関わるものなのだから、今生きている世代の一時的な思想だけで左右してよいものではないのだ。

国民の自由は大切なものだが、空理空論に振り回されてはならない。重要なのは、ただ自由、自由と叫んで実際にはその自由を成り立たせている基盤を破壊するような空虚な議論に惑わされるのではなく、自由を尊ぶべき原因を深く探求し、自由が侵されないように慣習に基づく社会秩序を維持することなのだ。

そのために政治家が心得ておかなければならないことがある。『政治論略』はこう補足する。

《真正なる愛国の政治家は従来その国に存在せし慣習古法を折衷して政体を改良せんと図るが故に、慣習に依るの精神を根本となし、政体をして漸次改良し能うべき勢力を有する制度を立てるを以て政治の標準とするものなり》（同前）

真に国を愛する政治家は、従来からその国に存在している慣習を尊重して折衷的に改革を行おうとする。慣習に基づく社会秩序を尊重しながら政治をよくしていこうとする政治勢力を生み出していくことが政治の基本原則である。

残念ながら、このバークの議論を理解できない政治家がいまも大半だ。

《そもそも政府を新たに組織する事業たるや実に人心をして恐慄《きょうりつ》せしむるものなり。何となれば古来より人心の尤も愛慕する所の者は祖先より継承せし遺法にして、その精神に適せざる他国の法律を以てこれを増加修飾することはほとんど木に竹を接ぐの思想を生ぜしめて、決して人心の安んずる所に非ず。故に古《いにしえ》より凡《すべ》て改革をなせし経歴を見るに多く慣例古典を遺存するの主義に基きたる者なれば、後世改革を為《な》さんと欲する者は宜く必ず先ず古法を照査比較して之を施行すべきものなり》（同前）

「祖先から継承した遺法」は、一国にとって極めて重要なものであり、それと合わないものを無理やり導入しても決して上手く行くものではない。このことを理解できる人を「保守」と呼ぶべきだろう。

《一国の憲法を確定し政体をして善美ならしむるの政略は、只《ただ》天地自然の気象に法《のっと》り漸次変遷すべきにありとす。而《しか》して我輩人民は百般の権理と旧来の政府とを祖先より継承して之を一代に保存し、また之を子孫に伝え、以て能く之を永遠に維持すべきことは、恰《あたか》も我が祖先の血脈と財産とを継承し、世々之を子孫に伝えて止まざらしむるが如し》（同前）

当然、憲法の制定にあたっても、「祖先の遺法」の継承、慣習の尊重は欠かすことができない。革命ではなく漸進的改革でなければならない。これは、祖先の血脈と財産を損なわずに子孫に引き継いでいくことと似ている。

立憲君主か天皇親政か

佐佐木は、金子が提出した『政治論略』を一読して非常に喜び、同僚らにも推薦した。参議の山田顕義《あきよし》は熱心に金子を招いて『政治論略』を解説させ、元老院と交渉して出版発売を実現させた。明治十四年のことであった。

佐佐木は刊行された『政治論略』を各皇族に奉呈し、明治十五年、十六年の二年間にわたって主だった皇族や宮中および元老院の幹部の前で金子に進講を行わせた（同前）。

明治維新後から明治十年代は、どのような憲法を制定すべきか、言い換えれば、日本の国家体制はどのようなものであるべきかという重大な課題に日本が揺れていた時代だが、特に明治十四年というのはまさにその激動の一つの山場の年だった。

先に明治十四年に至る流れを見ておこう。

明治七年に板垣退助らが民選議院開設建白書を提出したことを受けて、明治九年、明治天皇が国憲草案の起草を元老院議長の有栖川宮熾仁親王《ありすがわのみやたるひと》に命じる。

勅命を奉じた元老院では明治十三年までの間に三回にわたって「国憲按」（憲法草案）を作成している。

また民間では前述の嚶鳴社や、元老院に就職する前に金子堅太郎も参加していた共存同衆、愛国社といった団体が結成され、「私擬憲法」（民間の憲法草案）が盛んに作られた。

そういう中で、明治十四年、政府内部で国会の早期開設を主張していた大隈重信らが罷免されるという「明治十四年の政変」が起きた。下野した大隈らは政党を結成し、世論の支持を得てますます活発に民権運動を主導していく。また、この年には「国会開設の詔《みことのり》」が出された。十年後の明治二十三年を期して、国会開設と憲法制定を行うことが明治天皇の勅語によって約束されたのだ。

明治政府は、このような重要な節目のときにバークの漸進的保守主義の学説を学んだわけである。

なぜ日本には皇室がなければならないのか。なぜアメリカやフランスのような大統領制ではいけないのか。

皇室をなくして日本も共和制になるべきだという議論は如何に間違いであるのか。

政府の指導者層が、金子堅太郎を通じてバークを知ったことで、「日本は日本の歴史と伝統と慣習を踏まえた法制度を作らなければならないのだ」という議論が、政府の中でようやく定着していくことになったのである。

ところで、明治政府の中には、「日本も共和制にするべきだ」という前述の論とは反対に、「天皇が直接、政治を動かすべきだ」と考えて「天皇親政」を目指す人々もいた。

明治十四年前後の時期は、民権運動の山場だっただけでなく、政府内で天皇親政を推進しようとする元田永孚《ながざね》や佐佐木高行らの親政運動派と、それに反対する伊藤博文《ひろぶみ》らとの対立・抗争の山場でもあった。

勝ったのは、伊藤博文らの側である。

明治天皇の命令によって元老院が作成した「国憲按」は、民権派が優勢な事務局によって書かれており、明治十三年作成の「第三次国憲按」は、我が国の国家体制を「政治権力の行使者としての政府」と「国家の永続性を表示する政治的無答責の君主」に分けている。天皇親政は、政治責任が天皇に問われることになりかねないため、敢えて、政治責任が問われない立憲君主としたのだ。

岩倉具視らの反対があったため、この「国憲按」は政府の憲法草案として採用されることはなかったが、国家体制をこのように二つに分ける構想が大日本帝国憲法制定に際して採用されることになる。

尊皇を巡り対立する薩長藩閥政府と自由民権派

薩長の藩閥政府と自由民権派が対立する中で、倒幕派の薩長の政府高官たちは、「錦旗を掲げて徳川政権を倒したのはわれわれなのだから、われわれこそ天皇の政府であり、歯向かう者は天皇の政府に逆らう輩《やから》だ」という弾圧の仕方をしていた。

皇室を自分たちだけのものにして、皇室の権威を使って反対派を叩くという手法である。

だがこれに対して、自由党を結成し、自由民権運動を推進した板垣退助《いたがきたいすけ》は、明治十五年、「自由党の尊王論」という論文を発表して敢然《かんぜん》と反論している。

板垣はまず冒頭で、「世に尊王家多しと雖も吾党自由党の如き尊王家はあらざるべし。世に忠臣少なからずと雖も吾党自由党の如き忠臣はあらざるべし」と宣言した。

自由党が国賊視されたり、火付けや盗賊と同類のように言われて弾圧されたりしていることに反駁《はんばく》し、自分たち自由党こそが本当の尊王であると述べたのである。

そしてこう主張した。

《彼輩は我皇帝陛下を以て魯帝（ロシア皇帝）の危難に陥らしめんと図る者なり。吾党は我皇帝陛下をして英帝（イギリス国王）の尊栄を保たしめんと欲する者なり》（石田圭介編著『近代知識人の天皇論』日本教文社）

自由民権運動を弾圧する薩長政府は、ロシア帝国のような強権政治を行うことで結果的に皇室を危うくしようとしている。

一方、われわれ自由民権派は、イギリスのような、多数の政党による立憲自由主義の実現を主張しているのであって、こうした立憲自由主義こそが皇室の繁栄を永遠ならしめることになるのだ。

そもそも明治天皇は明治元年の「五箇条の御誓文」において、「広く会議を興し万機公論に決すべし」として、専制政治ではなく、自由な議論で政治を決定していこうと仰せになってい
るではないか。明治天皇のお考えを踏まえれば、現在の薩長による藩閥政治は是正され、民選国会による自由な議論による政治を実現すべきだ——板垣はこのように主張したのである。

単純化して言えば、薩長政府の側が「天皇の政府」対「人民の議会」という図式で民選議院や板垣・大隈らの政党を捉えていたのに対し、板垣ら民権運動派の側は、「薩長の政府」対「天皇の国会」、「薩長による藩閥政治」対「自由な議論を願われる皇室を戴く自由民権運動」という構図を描いたのだ。「天皇を薩長の側が独占するな」ということだ。

民権運動家たちによるこのような皇室論議に政府側も同意し、明治の国家体制は、やがて「天皇の政府」対「天皇の議会」という考え方にまとまっていく。

「天皇の議会」などというと、天皇による国会支配を正当化するのかと誤読されることが多いが、その真意は、政府と国会は対立するのではなく、ともに「天皇を戴く」という一点で結びつき、日本の国益と民のための政治を実現するパートナーとして見なそうということであったのだ。

第二章　福沢諭吉の「二重国家体制論」

「政治」の基礎にある「精神の領域」が皇室

明治維新以後、新政府の中には、日本が欧米列強に追いついて独立を守るためにはアメリカやフランスのような大統領制、共和制にならなければいけないのではないかと考える秀才官僚たちが少なくなかった。民間の民権思想家の間でも「皇室否定論」は珍しくなかった。

こうした思想状況の中で、自由民権運動のオピニオン・リーダーであり、慶應義塾《けいおうぎじゅく》の創設者でもある福沢諭吉も、中江兆民と同じように、皇室の存在理由を力説し、君主制否定論への反対の論陣を張っている。

福沢は「国会での自由な政治論争」と「法令に基づく公正な行政」を支持したが、「欧米のデモクラシー」を取り入れれば万事解決などという幻想は抱いていなかった。議会制民主主義や近代的法治、資本主義の効率性の必要を認めながら、同時にそれらの限界と短所も認識していた。そして議会政治と資本主義の限界と短所を踏まえて、皇室の重要性を説いたのが福沢諭吉であったのだ。

福沢は、「帝室論」（明治十五年）と「尊王論」（明治二十一年）という二つの論文で皇室の重要性を強調している。実は天皇陛下も昭和二十年代の中等科時代に、東宮職参与となった小泉信三博士とともに、この「皇室論」を輪読されている。

以下、葦津珍彦《あしづうずひこ》氏の論文「明治民権家の天皇制理論」を参考にしつつ、福沢の議論を紹介していこう。

「帝室論」は次のように言う。

《帝室は政治の世界外である。いやしくも日本国にあって政治を論じ、政治にかかわる者は、その主張のなかで帝室の尊厳と神聖を濫用《らんよう》してはならない、ということは私の持論である。このことは古来の歴史を振り返っても明らかで、日本国の人民がこの尊厳・神聖を利用して直に同じ日本人民に敵対したこともなければ、また日本の人民が団結して直に帝室に敵対したこともない》（以下、帝室論の現代語訳引用は平沼赳夫監修『福沢諭吉の日本皇室論』島津書房による）

日本の歴史には「乱心賊子《らんしんぞくし》」と呼ばれる者と「勤王党《きんのう》」と呼ばれる者が対立したことはある。だが、その「乱心賊子」も、皇室に歯向かう人たちではなかった。

《鎌倉時代以来、世に乱心賊子と称される者がいたというけれども、その乱賊は帝室に歯向かう乱賊ではなかった。北条や足利のように最も乱賊と見られている者でも、（皇室尊重という）大義名分を蔑《ないがし》ろにすることはできなかった。したがって、この乱臣賊子という呼び方は、じつは日本人民の中でそれぞれ主義主張を異にした者たちが、帝室を奉じる方法はこうすべきであるとか、こうすべきではないとか、互いにその遵奉《じゅんぽう》の方法を争った結果として、天下の与論から乱賊と見なされた者が乱臣賊子となり、忠義者と見なされた者が忠臣義士となっただけのことである》

葦津氏は、この福沢の議論が当時の明治政府に対する反論だったと指摘する。

明治政府は「自分たちは勤王の旗を掲げて徳川の乱臣賊子を討伐《とうばつ》した」と誇っているが、その議論自体が間違いであり、「帝室の尊厳と神聖を乱用」することは国を誤《あやま》るものだと、福沢は指摘したのだ。

この議論は現在にも通用する議論である。

たとえば、現在、国旗国歌法には、罰則規定がない。国旗国歌は大事だが、国歌を斉唱しなければ処罰するというやり方は、皇室に逆らった者を罰するというのと同じ考え方になってしまう。だから、国旗国歌法に、「刑法」上の罰則規定を設けなかったことは正しいと私は考えている（誤解のないように補足すると、学校現場で国旗・国歌を尊重する学習指導要領を守らない教員たちを教員の服務規程違反などの理由で、訓告処分などを科す「行政上の処分」には、賛成である。公務員には、公務員としての法令順守義務が課せられるべきだからである）。

「皇室を政治闘争の圏外に置くべきだ」という福沢の考え方は、自らを皇室の「与党」に任じ、皇室の権威を使って民権主義者を叩き潰《つぶ》そうとした当時の藩閥や保守主義者に批判された。「皇室を政治の圏外に置く」ということは、皇室を名分だけで実質のないものにしてしまうのではないか、というのだ。

これに対して、福沢はこう反論している。

《そもそも一国の政治というものは、はなはだ殺風景なものであって、ただ法律公布などの制定文を作って人民に頒布し、その約束に従う者は受け入れられ、従わない者は罰せられるというだけのことである。政治は畢竟《ひっきょう》、形体の秩序を整理するための道具でしかないのであって、人の精神を制するものではない（中略）政治はたんに社会の形体を制するだけであって、まだ社会の人々の心を収攬《しゅうらん》するに足りないことは明らかではないか》

この福沢の議論について、葦津氏はこう述べている。

《かれは、政治の社会よりも、学問教育の精神社会を重しとして、自らも教育家たることを自任したのであるが、この『帝室論』では、政治圏外の学問、芸術、文化等々の領域の社会的存在意義を力説、強調して、これらの政治圏外の精神世界が、いかに重要なものであるかといふことを、幾多《いくた》の実例をあげながら解明してゐる。しかして、これらの非政治的な精神世界の最高の保護者として帝室の権威を確立することが、日本の国にとつても、文明のためにも、いかに必要なことであるかを、巧みな論法をもつて、懇切《こんせつ》に解明してゐる。その論ずるところは、極めて明快にして説得的である。かれの論ずる「政治圏外」の領域は、極めて広大である》（葦津前掲書）

福沢によれば、政治は「形体的秩序」を対象とし、皇室は「精神の領域」を対象としている。福沢が言う「皇室は政治社外のもの」というのは、皇室と政治が無縁であることを意味し

図1

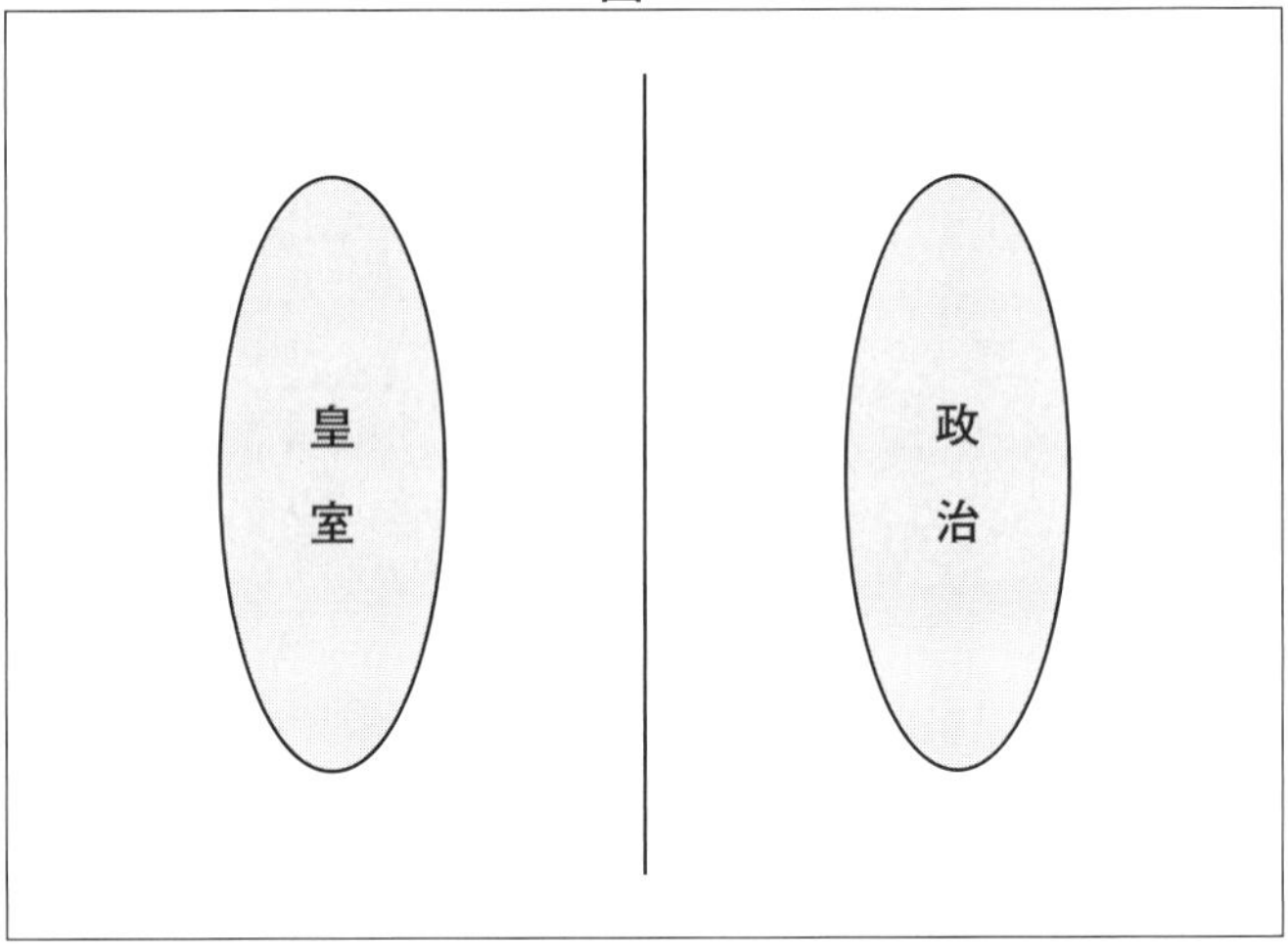

ない。皇室が対象とする精神の領域が、形体的秩序の基礎だからである。

福沢の、この「精神の領域」という議論は重要な議論なので、もう少しわかりやすく解説しよう。

たとえば、アメリカの政治学者フランシス・フクヤマは、資本主義が成立するためには「人的資本」、「物的資本」のほかに「社会的資本」が必要だと主張している。この社会的資本は、道徳や宗教に基づく社会秩序である。フクヤマは「資本主義が成立するためには」と言っているが、資本主義だけではなく、政治が成り立つためにも道徳や宗教に基づく社会的資本が必要だ。

フクヤマの言葉を使って福沢の議論を表現するならば、道徳や宗教に基づく社会的資本を維持・発展させるものが皇室ということになる。

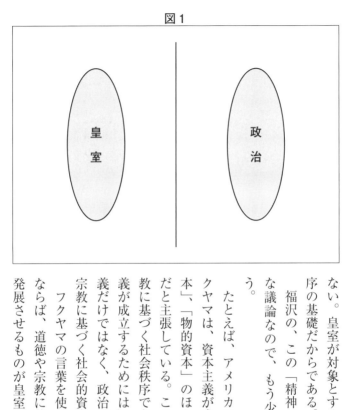

図2

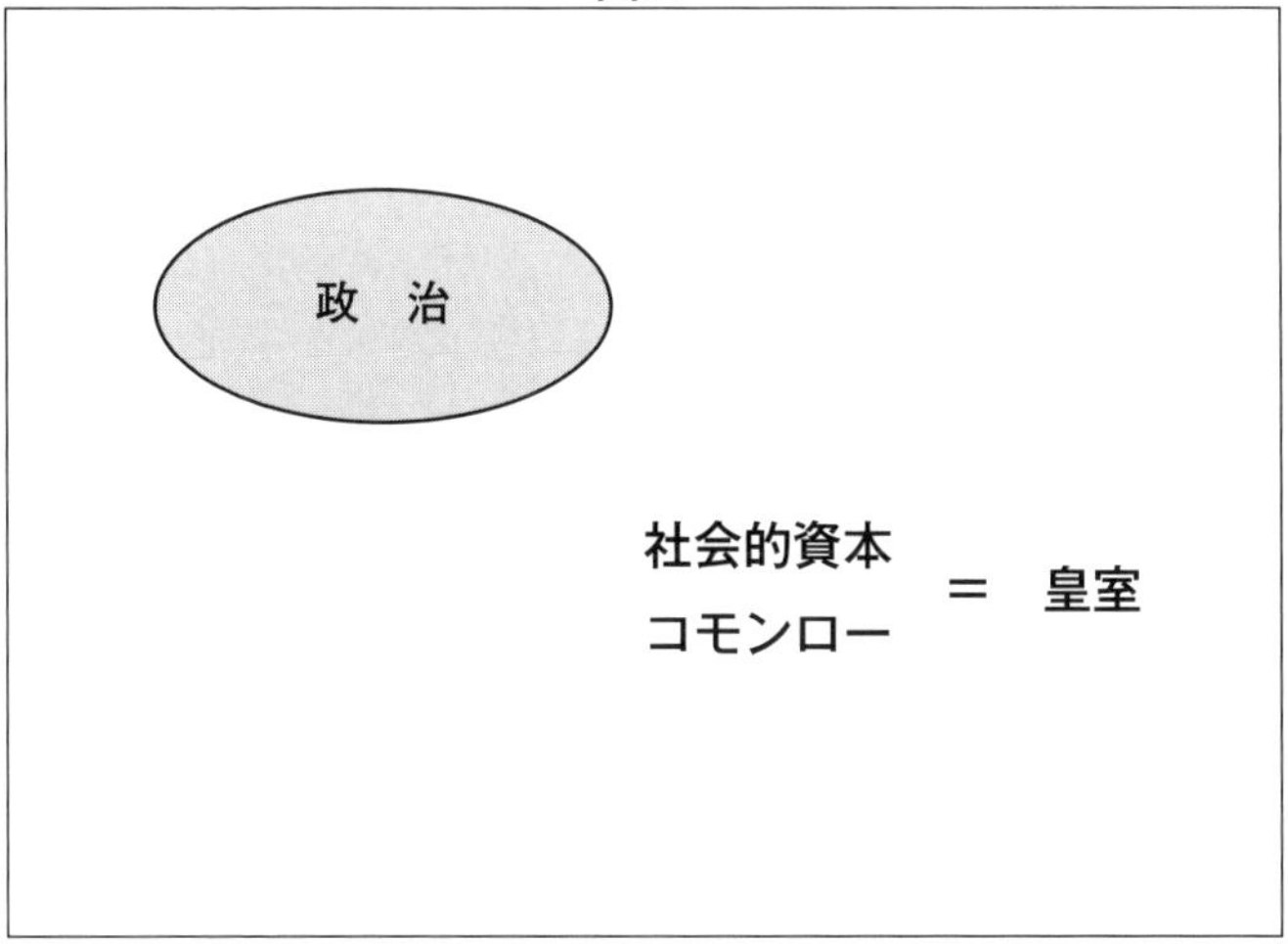

皇室には、政党や政治家たちによる権力闘争としての政治よりもっと大きな仕事がある。権力闘争の圏外で、精神の領域という国家の根幹を支える役割が皇室にある、というのが福沢の議論なのである。

現在の日本では残念なことに、「皇室を政治と無縁の存在にしておくことが皇室を守ることだ」と曲解した議論が少なくない。図1のように、政治があって、それと切り離されたところに皇室があるという構図だ。

だが福沢が述べているのは図2のような構図である。社会的資本やコモンローの大きな領域があり、政治はその領域の一部にすぎない。そして、政治家による権力闘争としての政治を支えている、この大きな領域を守るのが皇室の役割である。

英国の立憲君主制には君主が「君臨すれども統治せず」という憲法律があることがよく指摘される。

イギリスの憲政史家ウォルター・バジョットによれば、これは「君主が政治に関して一切何も発言してはならない」という意味ではない。憲政史家の倉山満氏がたびたび指摘しているように、バジョットは『英国の統治構造』という著書の中で、いかなる立憲君主にも「警告権」「激励権」「被諮《しもん》問権（相談を受ける権利）」があると述べた。

これら三つの権利を大臣の君主に対する内奏の場のような限定された場面で行使されるものと解釈すれば、図1でもこれらの権利は可能だ。

しかし福沢の議論は、君主の権利についてこのようなイギリス流の運用を知りつつも、それだけで終わってはいない。

皇室は、社会的資本を守るために政治に影響を与えることがあり得る。社会的資本やコモンローを壊すようなことを政治にさせないために、皇室というものがある。国家の精神的基礎という大きな構図の中に政治があるのであって、皇室はその大きな構図を守ることで国家の命運に関わる。それが我が日本国の政治のあり方だ――これが福沢の議論なのである。

民主主義により「分裂」した国民を「統合」する役割

福沢は国会開設を支持しつつも、議会政治によって生じる短所を次のように予想した。

《国会を開設して、やがて二、三の政党が対立するようになれば、その間の軋轢《あつれき》は大変に苦々しいことになるだろう。

政治的な問題に関して政敵を排撃するためには、本当は心に思っていないことでもいろいろと申し立てて、お互いに相手を傷つけることがあるだろう。その傷つけられた者が、相手を傷つけるのは卑劣であるなどと弁論しながらも、その弁論の中で相手に復讐《ふくしゅう》して、逆に傷つけることにもなるだろう。

あるいは人の隠し事を摘発し、あるいはその個人的なスキャンダルを公表し、賄賂《わいろ》や請託はあたりまえのことになる。甚だしい場合は、腕力をもって闘争し、石を投げ瓦を割るなどの暴動があることも予想される。西洋の諸国はたいてい皆そうである。わが国も同じようにそういうことになるかもしれない》

自由な政治論争による軋轢が高まった挙げ句に国論が分裂し、国家意志をまとめることができなければ、外国に付け込まれる事態もあり得る。

《政治の党派が生じて相互に監視し、積年の怨《うら》みがだんだん深くなり、解決できないという状況の最中に、外からの攻撃が生じて国の存亡にかかわる事態が到来したら、どうするのか。自由民権が非常に大切であるとはいっても、その自由民権を享受させてくれた国が、あげて侵略され、不自由で無権力の有様に陥ったなら、どうするのか。（中略）小さい者どうしがお互いに争って勝敗が容易に決着せず、全身の力をすでに使い果たして残る力もない。こんな状態で他国のことを考えて、それに対処する余裕があるだろうか》

そういう事態を防ぐためには、党派の争いとは一線を画した「一種特別な大勢力」が必要になる。

《民心軋轢の惨状を呈するときにあたって、その党派論にはいささかも関係するところのない一種特別な大勢力があり、その力をもって、相争う双方を緩和し、無偏無党の立場から両者を安んじいたわって、各々が度を過ぎないように導くことは、天下無上の美事であり、人民には

無上の幸福といえるだろう》

我が国において「相争う双方を緩和し、無偏無党の立場から両者を安んじいたわって、各々が度を過ぎないように導く」力を持つ「一種特別な大勢力」は誰か。党派を越えて国家国民のために祈る皇室である。

政治を行えば必然的に敵味方を作っていくことになる。権力闘争の世界に生きるのが政治家であり、権力闘争の中で相手を貶《おとし》め、勝つためには何でもすることが政治家には必要とされる。日本が厳しい国際社会で生き延びていくために、そういう政治家は必要なのだ。

だが、それだけでは国家の命運を守ることはできない。権力闘争によって国内の分裂や対立があまりにも進んでしまえば、日本の政治は成り立たなくなる。これを押し止める存在が皇室である。

福沢は、皇室に国家の分裂を防ぐ国民統合の役割を求めたのである。

行政の手の届かない「格差」と「貧困」への対応を期待

福沢が皇室に期待した役割は、政治論争に伴う軋轢の緩和だけではなかった。

福沢は皇室に対して、行政の手の届かないところに手を差し伸べ、格差を是正する役割も期待した。

国会が開設され、法令が整っていくと、法令に基づいて公正な行政が行われるようになる。権力者による恣《し》意《い》的な行政が行われなくなることは歓迎すべきことだが、そこには一定の限界がある。福沢は、行政の限界を次のように指摘した。

《近来は法律が次第に精密の度を加え、世間に法理と言うものが次第に喧《かまびす》しくなってきた。それに従って、政府の施政もすべて規則を重んじる傾向になるであろうことは自然の勢いである。それが国会開設の時期ともなれば、政府はただ規則の中で活動するだけとなり、規則から外れた部分では、いささかも自由がないことだろう。

しかしながら、人間社会はそうした規則の中だけに包含・網羅することはできない。すなわち、政府の容量は小さく、社会の形は大きいと言えるだろう。小を持って大を包もうとしても、もともと無理な話だ。

例えば、よるべない人々を憐れみ、孝行な子や貞節な婦人を賞するようなことは政府の手にあまる。これらは、人情の世界においては最も緊要なことであり、一国の風俗に影響を及ぼすことが最も大きいことだけれども、道理の中に束縛されている政府においては、決してこれに手を着けることができない。

「政府の庫の中にあるものは、一銭の金、一粒の米といえども、その出処は国会で議定して徴収した租税である。金も米も皆これ国民の膏血《こうけつ》なのだ。どうして、この膏血を絞って一部の人々の腹の足しにするようなことができようか」などと理屈をこねれば、道理の世界ではこれに答える言葉もあるまい》

事態はまさに福沢の予言した通りになった。

明治二十三（一八九〇）年、政府は第一回帝国議会に、第一号法律案として「窮民救助法案」を提出した。障害者・傷病者・老衰者等で自活の力なく飢餓《きが》にせまる者と養育者のない孤児を対象に、衣食住供与と医療、埋葬まで行うというものだが、衆議院は法案をなんと否決してしまったのである。「なぜ一部の困窮者を助けるために国民の税金を使うのか」という批判が多数を占めたからだ。

しかし、貧富の格差を放置し、飢え死に寸前の人々を見捨てるような風潮が蔓延《まんえん》すれば、社会は荒《すさ》む。助け合い支え合うよき社会としていくためにも、親に孝行を尽くし、困った人に手を差し伸べるような善行を讃える世論を高めていくことが重要だが、法令に基づいて行政を行う官僚政府がその役割を担うことはなかなか難しい。

　では、どうしたらいいのか。

　皇室ならば、社会が荒むことを防ぎ、助け合い支え合うよき社会の美風を高めることができる。福沢は次のように述べた。

《国会議員の政府は、道理の府であるために、情を尽くすことができない。理を通そうとすれば情を尽くすことができず、情を尽くそうとすれば理を通すことができない。この二者は両立できないものと知らねばならない。

　では、このような状況で、日本国中を見渡してみて、こうした人情の世界を支配して徳義の風俗を維持することのできる人がいるだろうか。ただ帝室（皇室）があるのみである》

　文明開化を先導した福沢諭吉は、「欧米文化摂取と資本主義・自由な議会による富国強兵」路線と、「神武天皇以来の国家の安泰と国民の安寧《あんねい》を祈る皇室のもとでの国民福祉の増大と精神文化擁護」という二つの国家路線の両立を提示した。これを皇室と政府という二重国家体制と呼ぶことができよう。

「祭祀」と「国民の安寧実現」が皇室の伝統

こうした様々な議論を経て明治二十三年、帝国議会が開設され、大日本帝国憲法が施行される。この大日本帝国憲法と同時に、皇室典範《てんぱん》も制定された。この皇室典範において皇室は権力闘争の圏外にあって「日本国の祭主」として国家・国民のため祈る存在であることが明確にされた。

そして明治四十一年、皇室令第一号として、天皇が国家の安泰と国民の安寧を祈念する儀式の詳細を定めた皇室祭祀《さいし》令が制定された。その二年後の明治四十三年、明治天皇は「神祇《じんぎ》」と題して次の御製をお詠《よ》みになっている。

わが国は神のすゑなり神祭る昔の手ぶり忘るなよゆめ
とこしへに国まもります天地の神の祭をおろそかにすな

「わが国は、神々の末裔《まつえい》の国であり、神々に国家の安泰と国民の安寧を祈る祭祀のことを絶対に忘れないようにしたいものだ」、「永遠にこの日本を守ってくださっている神々の祭りを絶対におろそかにしないようにしたいものだ」という意味合いだ。

政治家や政党による権力闘争とは一線を画し、国家の安泰と国民の安寧を日本の神々に祈ることの大切さを明治天皇は強調されたのである。そして、その祈りは、国民の安寧をなんとしても実現しようとする実際の行動として具体化されていく。

国運を懸けた日清（明治二十七〜二十八年）・日露戦争（明治三十七〜三十八年）に勝利した政府は、それを機に富国強兵から民生重視になったかといえば、残念ながらそうはならなかった。

日本が産業の近代化を急激に進めるにつれて貧困問題・労働問題が拡大していったため、それらに対して唯一解決策を提示していたように思われた社会主義への関心が高まっていった。

これに対して政府は、社会主義者の取り締まりを強化しようとするばかりで、問題の根本である貧困や格差の解消への取り組みは不十分だった。

だがそういう中で国民の安寧を日々祈られる明治天皇は、無料医療事業を起こし、福祉の増大を進められた。

明治四十四年、明治天皇は困窮者に対する無料の医療事業を起こすべく「施療済生の勅語《ちょくご》」を出され、御内帑金《ごないどきん》（ポケットマネー）をもとに恩賜財団済生会が創設され、全国に貧しい人向けの病院や診療所が建てられた。

明治天皇だけでなく、皇后の昭憲皇太后《しょうけんこうたいごう》も福祉分野で大きな働きをされた。明治神宮崇敬《すうけい》会発行の『昭憲皇太后と社会福祉』からそのいくつかを拾ってみる。

昭憲皇太后は、健康保険がなく、貧しい人がなかなか医療を受けられなかった時代に、困窮者に医療を施す東京慈恵病院の設立・運営に尽力され、たびたび御内帑金を下賜されている。病院に行啓《ぎょうけい》されるときには、入院中の児童患者たちのために、ちょっとしたおもちゃやお菓子などをお持ちになったという。また、寒さの厳しい季節の患者の苦しみを思い、衣類数百点と裁縫料とを御下賜《ごかし》になったが、その費用は日常の食費を切り詰めて賄《まかな》われた。

日本赤十字社の事業の基礎を作られたのも、明治天皇のお后である昭憲皇太后のお働きによる。赤十字病院の敷地として御料地を貸し出され、御下賜金も毎年与えられた。赤十字社病院の患者たちにも毎年衣服を下賜され、御臨幸《りんこう》の際には重症患者たちを見舞われた。昭憲皇太后は、次のような御歌《みうた》（皇后陛下の歌を御歌《みうた》という）をお詠みになっている。

あやにしきとりかさねてもおもふかな寒さおほはむ袖もなき身を
やむ人を来て見るたびに思ふかなみないえはてて家にかへれと

「絹の衣装を重ねて身にまとうにつけても、寒さを防ぐ袖もない人々の身の上を思わずにいられない」、「病院を訪れて病む人を見るたびに、みなすっかり病気が癒えて家に帰ることができるようにと願うことだ」という意味合いだ。

大正時代に入ってからも皇室の福祉事業は続けられた。

大正十四年には、関東大震災を被災した老人を救済収容する目的で、皇室の御内帑金と大震災に対する一般義援金をもって財団法人浴風会を創設し、病院を併設し五百人を収容する大養老院浴風園《よくふうえん》を設立した。この浴風園のおかげで全国の養老院の水準が大いに上がったと言われている。

明治政府は、欧米諸国の軍事的脅威から独立を守るために富国強兵を優先し、福祉、民生の充実を後回しにせざるを得なかった。

そこで、富国強兵では行き届かない部分、つまり、福祉を重視して格差を是正する役割を皇室に担っていただくべきであると福沢は考え、実際に皇室はそのような役割を担って来られた。

皇室は、福沢諭吉が説いた二重国家体制を実現されたわけだが、福祉への尽力は、仁徳《にんとく》天皇の民の竈《かまど》の故事や、聖徳太子が設立したと伝えられる悲田院《ひでんいん》・施薬院《せやくいん》、手ずからハンセン病患者の手当をされた光明《こうみょう》皇后の事績などが示すように、皇室の長い歴史と伝統に基づくものでもあった。

右翼全体主義の席巻、そして敗戦

ところが明治時代末期になると、地縁・血縁から切り離された都市労働者が増加し、皇室のこのようなお働きだけでは間に合わないくらい貧困問題や労働問題が拡大していった。

当時、貧困問題や労働問題に対して解決策を政策として提示していたのが社会主義だったため、貧民を救い、貧困や格差を解消しようと真面目に考えるエリートたちの間に社会主義が広がっていった。

そういう中で、社会主義者を弾圧し、天皇崇拝を強要することが日本を守ることだと考え違いをしてしまった「右翼全体主義者」たちが台頭していく。

皇室の権威を使って、自分たちが政敵とみなしたものを叩くという、まさに福沢が指摘した誤りが繰り返されることになってしまったのだ。拙著『コミンテルンの謀略と日本の敗戦』（PHP新書）でも詳しく述べたが、改めて大正から昭和にかけての流れをまとめておこう。

「言論の自由」を認めようとしない右翼全体主義の台頭を示す事件の一つが、大正八（一九一九）年に起きた森戸《もりと》事件である。

東京帝大経済学部の森戸辰男助教授が大学の紀要に「クロポトキンの社会思想の研究」とい

う論文を発表したところ、「無政府主義を宣伝した」と糾弾され、紀要は回収、森戸と紀要の発行者大内兵衛助教授の二人が休職処分にされた。

さらに朝憲紊乱罪《ちょうけんびんらんざい》（国家の基本的な統治機構への不法な破壊）で有罪となり、大学からも失職となった。無政府主義のことを研究したというだけで、危険人物扱いされ、罪人にされてしまったのである。

二人をここまで攻撃して追い込んだのは、「天皇絶対主権説」を主張する上杉慎吉《うえすぎしんきち》東京帝大法学部教授と、その門下の学生団体「興国同志会」だった。

また上杉は、「教育勅語には法律的効果がある」として暗記を強制することを推奨していた。教育勅語を暗唱できることが愛国者の証であるかのような風潮を煽《あお》っていたわけである。

このように言論の自由を否定し、天皇崇拝を強制する風潮を敢然と批判したのが、大正デモクラシーの旗手と呼ばれた吉野作造《よしのさくぞう》だった。

当時、憲法学者たちの間で天皇主権説をめぐって議論が起こっていた。「主権の主体は法人としての国家であり、君主は国家の最高機関である」という美濃部達吉《みのべたつきち》の「天皇機関説」に対して、上杉慎吉が「天皇絶対主権説」の立場から「国家主権は神聖不可侵の天皇に属し、天皇の権力は絶対である」と主張していた。

だが吉野は主権の帰属よりもどのような政治を行うのかが重要だと指摘し、大正五年、『中央公論』に「憲政の本義を説いて其《その》有終の美を済《な》すの途《みち》を論ず」を寄稿して憲政が民本主義に基づかなければならないと主張した。民本主義とは、一般民衆の意向を重んじ、民衆の福利となる政治を行うことを意味する。

すると上杉慎吉は『中央公論』に「我が憲政の根本義」を発表し、「我が国に在っては君主の完全なる親政に依《よ》って、民本主義が達成される」と説いて吉野を批判した。

吉野は上杉に対して、天皇親政をあまりに強調することはかえって天皇に迷惑を及ぼすと反論した。さらに大正七年、天皇を否定する無政府主義や共産主義などの危険思想が大学で横行し始めている現状に対して、「如何にして国体の万全を期すべき」という論文で、次のように提案した。

《国体の万全を保護するの道は所謂《いわゆる》危険思想の徒なる排斥ではない。非科学的民族伝統の盲目的鼓吹ではない。又言論の圧迫でもなければ、所謂国民精神の統一でもない。真に誤りない道は西洋の諸君主国に於いて取れると同様に一方には国君が其国家的使命の明瞭《めいりょう》なる自覚の下に国民を率い給うこと。又一つは人民が極めて透徹《とうてつ》なる合理的確信の上に君権を中心として国家の経営に全力を致すことである》（以下、吉野の引用は石田圭介編著『近代知識人の天皇論』より）

皇室を守り、日本を守るために必要なのは、いわゆる「危険思想」を弾圧することではない。また、学問的な裏付けがないまま、感情的に「民族の伝統の素晴らしさ」を訴えることでもない。言論の自由を否定したり、権力によって国民精神を無理やり統一しようとすることでもない。

吉野は、森戸事件のように共産主義や無政府主義を研究するだけで非国民のレッテルを貼り、弾圧するやり方をこう批判したのだ。

《一致協同して吾々の経営する協同団体の中心として国民に深き縁故のある皇室を頂くのは共同的性質を有する国家の本質と何等《なんら》矛盾せざるのみならず、却《かえ》って国家をして統一ある発達をなさしむる所以《ゆえん》である》

吉野は、皇室が歴史的にも国家の安寧と国民の幸福を祈って貧民を救済する事業などに取り組んできたことを踏まえて、天皇が国家・国民のために動かれ、国民の側もそうした皇室の下で一致団結していく方が民本主義を発展させやすいと考えた。

だが吉野の提案は、当時の政府当局に理解されず、吉野の下に集まっていた学生たちも、共産主義を研究したり、政府批判をしたりしたことをとがめられ、逮捕・退学処分にされていった。

　明治四十三（一九一〇）年に起きた大逆事件の前後から社会主義者への警戒と弾圧を強めていた政府は、大正十四（一九二五）年、治安維持法を制定し、さらに取り締まりを強化していくことになる。

　ロシア革命が一九一七年に起きて瞬《また》く間に世界各国に共産党が組織され、日本でもコミンテルン支部として一九二二年に日本共産党が結成されていた。治安維持法は、日本の体制転覆を目指す共産党の工作から日本を守るために作られたものであることは事実だ。

　だがその一方で、真面目に貧困問題に取り組もうとして社会主義に関心を抱いた人々を弾圧し、反体制に追いやってしまった面が否定できない。

　昭和に入ると、共産主義や社会主義だけでなく、政府の方針と異なる議論に対しても、言論弾圧が向けられていく。

　昭和十年には国体明徴《めいちょう》運動が起きて、美濃部達吉の天皇機関説は「国体に反する」として排撃されてしまった。大正時代、美濃部と上杉の論争では美濃部が圧勝し、天皇機関説が通説となっていたにもかかわらず、である。

　自らをもって天皇の与党と任じる人々が、無政府主義や共産主義どころか、国家の根幹を支えていた学説すら弾圧・抹殺してしまったのだ。

天皇の与党を任じて自分と考えの違う者を叩き、天皇の権威を利用して国民を分断する――福沢が戒めた愚行そのものであった。

日米開戦前年の昭和十五年には近衛《このえ》文麿《ふみまろ》を中心とする新体制運動が日本の政治を席巻し、議会制民主主義を形骸化《けいがいか》するに至る。明治天皇が示された「五箇条の御誓文」の「万機公論に決すべし」の精神は忘れられ、言論の自由を認めない全体主義こそ日本の進むべき方向であると叫ばれるようにすらなっていた（『コミンテルンの謀略と日本の敗戦』ＰＨＰ新書）。

無残な敗戦を迎えた日本は、今度は、アメリカが主導する占領軍によって右翼全体主義とは異なる危機に直面する。大正・昭和にかけての「天皇主権論」とは真逆の方向の、皇室解体の危機である。

第二部　皇室解体の逆風——昭和天皇と天皇陛下の苦悩

第三章　昭和天皇と天皇陛下・戦後の戦い

敗戦時、十一歳の御決意

昭和二十年八月十四日、満身創痍《まんしんそうい》の日本は昭和天皇の御聖断によってポツダム宣言を受諾し、翌十五日、終戦の詔勅《しょうちょく》が放送された。

テレビ・ドラマなどを見ていると、先の戦争で負けて国民の多くは「これで平和になった」と安堵《あんど》したかのような描き方をしている。

確かに昭和二十年三月頃から、米軍は日本の都市を爆撃機で空爆し、その被害は深刻であった。戦地にいる軍人たちだけでなく、本土にいる国民もまた、空襲に怯《おび》え、食料不足に苦しんでいた。よってポツダム宣言によって「これで空襲に怯えなくて済む」と思った国民もいただろうが、それ以上に「敗戦」という新しい事態に大きな衝撃を受けた。

未曽有《みぞう》の敗戦を迎えた昭和二十年八月十五日は、新たな「苦難」が始まる日でもあった。アジア・アフリカ諸国が次々と欧米列強の植民地となっていった近代にあって堂々と独立を保ってきた我が国が、歴史上初めて「敵国」の軍隊によって占領されることになったからである。

この歴史的な日に学習院初等科六年生（十一歳）であった天皇陛下は、奥日光の疎開先において、迫《せま》り来る苦難を見据え、「新日本の建設」と題して次のような作文を書かれたという。

玉音放送収録のためにマイクの前に立つ昭和天皇

《……今は日本のどん底です。それに敵がどんなことを言って来るかわかりません。これからは苦しい事つらい事がどの位あるかわかりません。どんなに苦しくなつてもこのどん底からはひ上がらなければなりません。……

今までは勝ち抜くための勉強、運動をして来ましたが、今度からは皇后陛下の御歌のやうに、つぎの世を背負つて新日本建設に進まなければなりません。それも皆私の双肩にかゝつてゐるのです。それには先生方、傅育官《ふいく》のいふ事をよく聞いて実行し、どんな苦しさにもたへしのんで行けるだけのねばり強さを養ひ、もつともつとしつかりして明治天皇のやうに皆から仰がれるやうになつて、日本を導びいて行かなければならないと思ひます》（木下道雄『側近日誌』、中央公論新社、四九頁）

敵が何をしてくるのかわからない以上、どんな苦しさにも耐え忍んでいけるだけの粘り強さを養い、明治天皇のように国民から仰がれるようになって日本を導かなければならない――これが、敗戦時の陛下の御決意であった。

ここで留意してほしいのは、「敵がどんなことを言って来るかわかりません」との一文だ。敵、つまりアメリカや中国の蔣介石《しょうかいせき》政権は、天皇陛下の父君、昭和天皇の処刑を訴えていたのだ。現に昭和二十年六月初旬にアメリカで行われたギャラップ社の調査では、戦後、天皇を処刑、投獄または国外追放すべきだという回答が半数以上に達していた。七月十八日、中国の蔣介石政権がある重慶《じゅうけい》の新聞『大公報』は、昭和天皇は戦争犯罪人であるという記事を掲載した。

つまり、未曽有の敗戦――敵国の軍隊が日本に乗り込んできて、父君の昭和天皇を逮捕し、処刑するかもしれない。そうした事態も想定される緊迫《きんぱく》した状況の中で天皇陛下はわずか十一歳で「これからは苦しい事つらい事がどの位あるかわかりません。どんなに苦しくなつてもこのどん底からはひ上がらなければなりません」と綴《つづ》ったのだ。なんという胆力だ。

そして、昭和天皇がどうなるのかわからない状況の中で、「つぎの世を背負つて新日本建設に進まなければなりません。それも皆私の双肩にかゝつてゐるのです」と明記された。そこには、皇位継承者としてこの日本を守る先頭に立たなければならないという強固な使命感が拝される。

その後、占領下で中学、高校という多感な時期を過ごされた陛下は、独立を回復した昭和二十七年の十一月十日に立太子《りったいし》礼を挙げられた。

六年半にわたる米軍による占領が終わり、我が国は独立を取り戻した。

これから前途洋々《ぜんとようよう》たる未来が待ち受けているはずなのに、十八歳を迎えた陛下は学習院での祝賀会において、次のようにお述べになっている。

《皇太子たること、これは私の宿命であり私の意思を越えたことであります。この点で私は皆さんをうらやましく思うこともあります。それは恐らく、皆さんの豊富な多様な人間性に対するあこがれでありましょう。しかし私は私に与えられた運命を逃避することなく、運命の奥に使命を自覚し、これを果たす……私の現在考える最もよい生き方ではないかと思います。……私は皆さんとともに現実を見つめ、学問を修めて、これからの困難な道を進みたいと思います》（『学習院百年史　第三編』）

皇太子となった以上は「運命の奥にある使命を自覚し、これを果たす」覚悟だと雄々しい御決意をお述べになっていらっしゃるが、あたかも自らに言い聞かせるように話された陛下の目には、天皇となっていくことが「逃避」したくなるほど「困難な道」に映っていたのである。

皇室解体を仕組んだ過酷な占領政策

なぜ陛下は、独立を回復したにもかかわらず、天皇となっていくことが「困難な道」だとお感じになっていたのか。そのことを理解するためには、「戦後」という時代がどのようにして始まったのか、その構造的な問題を把握《はあく》することが必要だ。

結論を先に述べれば、「皇室」廃止を国民に奨励する目的をもって始まったのが「戦後」という時代なのである。皇室を取り巻く「現実」を理解する上で重要なポイントなので、その経緯を、順を追って説明しよう。

昭和二十年八月十四日、ポツダム宣言を受諾した日本に対して米国は直ちに占領軍（ＧＨＱ）を派遣し、全国を軍事占領した。その総司令官マッカーサーに対して米国務省は、九月二十二日付で「降伏後における米国の初期対日方針」を示した。ＧＨＱは日本を占領して何をするのか、その「究極の目的」を次のように規定している。

《日本国に関する米国の究極の目的にして初期における政策が従うべきもの、左のごとし。
（イ）日本国が再び米国の脅威となり、または世界の平和および安全の脅威とならざることを確実にすること。
（ロ）…他国家の権利を尊重し、国際連合憲章の理想と原則に示されたる米国の目的を支持すべき、平和的かつ責任ある政府を、究極において樹立すること》

つまり米国務省は、自国にとって「脅威」であった日本を、米国の国家目的を支持する「傀《かい》儡《らい》政権」へと国家改造すべく占領政策を実施せよと、ＧＨＱに指示したのである。その焦点となったのは、「天皇」であった。

戦勝国である連合国は当時、皇室を支える体制が維持される限り、日本は再び復活してしまうという懸念《けねん》を抱いていた。だからこそ昭和二十一年七月二日、GHQの上部組織で、戦勝国であるアメリカ、ソ連、中国、オーストラリアなどによって構成されている「極東委員会」は、『日本の新憲法についての基本原則』とする政策文書の中で次のような方針を示したのだ。

《2．日本国における最終的な統治形態は、日本国民の自由に表明された意思によって確立されるべきであるが、天皇制を現行憲法（帝国憲法）の形態で存置させることは、前記の一般目的に合致するとは、考えられない。したがって、日本国民は、天皇制を廃止するか、またはより民主的な線にそって天皇制を改革するよう奨励されなければならない。

4．日本国民が天皇制を保持することを決定するとすれば、上記1および2に列挙された事項に加えて、次の保障が必要とされる。（中略）

b．天皇は、新しい憲法によってみずからに付与されている以外の権限を有してはならない。天皇は、あらゆる場合に、内閣の助言に従って行動しなければならない。

c．天皇は、一八八九年憲法第一章第十一条、第十二条、第十三条および第十四条に規定されたような軍事上の権能のすべてを剥奪《はくだつ》される。

d．すべての皇室財産は、国家の財産であると宣言される。皇室の費用は、立法府によって、充当される。》

国民が皇室を圧倒的に支持している以上、皇室を支える制度を改悪することを条件に皇室の存続を認めるが、将来的に国民が「天皇制」を廃止するよう奨励するために憲法を定める、と言っているわけである。連合国は、「天皇制」を廃止させるため現行憲法を日本に強要したのである。

では現行憲法の下で皇室制度はどのように改悪されたのか。

占領軍は占領開始早々から、将来の皇室廃止につながるような弱体化政策を矢継《やつ》ぎ早《ばや》に実施している。弱体化の手段は、大きく分けて三つあった。

第一に、憲法を含む法制度の改変によって、皇室と統治、国家の命運の関係を切り離すことである。

第二に、経済的基盤を奪うことである。皇室財産を取り上げて国会のコントロール下に置き、皇室の自律性を失わせる。

第三に、道徳や宗教性を含む我が国の精神生活の中心としての機能を皇室から奪うことである。

「統治権の総攬者」という地位の剥奪

順を追って説明しよう。

第一に、天皇の憲法上の地位が変わった。

帝国憲法では「統治権の総攬者」と規定されていたのが、日本国憲法では「国政に関する権能を有しない象徴」に変更された。

前述したように帝国憲法が定める我が国の国家体制は「政治権力の行使者としての政府」と「国家の永続性を表示する政治的無答責の君主」とに分けるものであり、原則として天皇が政府に対して政治権力の行使をされることはない。

しかし、皇室は、平時と非常時のそれぞれに重要な役割を担っていた。

平時において皇室は行政の手の届かないところに手を差し伸べて「おおみたから」である国民をいつくしみ、また、政治的な党派の争いから一線を画《かく》して国民を統合する役割を果たされる。帝国憲法で定められた天皇の国務のうち、平時に天皇が担っていたのは主に君主としての儀礼に関わるものであった。従って、皇室は狭い意味での政治には関わらないが、政治の基盤となる宗教的・道徳的秩序、フランシス・フクヤマの言う社会的資本を支えることで、国と国民を良き方向に導く役割を果たされる。

確かに帝国憲法には、天皇大権として「緊急勅令」、「外交」、「戒厳」、「統帥」の四つが規定されていたが、これらの行使は、実際には内閣や陸海軍の輔弼《ほひつ》（アドバイス）によって行われることになっていて、天皇独裁ではなかった。

では、なぜこうした大権が憲法に明記されていたかと言えば、非常事態を想定してのことであった。たとえば、終戦の御聖断が示すように、国家の存亡がかかった非常時で、しかも政府が決断に迷った時点で、最終的に天皇が乗り出される仕組みとなっていた。帝国憲法における「統治権の総攬者」という規定は、政府が機能しなかったり、意思決定能力を失ってしまうような非常事態において政府に代わって天皇が乗り出し、日本を守る、緊急事態条項だったのだ。

皇室祭祀の根拠法令の失効

法的・制度的解体の第二は、皇室典範《てんぱん》の改悪である。

占領軍は昭和二十年十二月十五日に神道指令を発し、神道と政治との徹底的な分離を命じた。それを受けて、皇室典範のうちで「政教分離に反する」とされた部分が削除され、皇室祭祀（宮中祭祀）の根拠法令となっていた皇室令とその附属法令が失効させられた。

その結果、皇室の伝統的な儀式や活動は法的に不安定な状況に置かれることになった。即位の礼や大嘗祭《だいじょうさい》、御葬儀にあたる大喪《たいそう》の礼などに関する具体的な規定が一切なくなってしまったのだ。

当時の宮内庁は応急措置として、新皇室典範が発効した昭和二十二年五月三日に文書課長名で「皇室令及び附属法令廃止に伴い事務取扱に関する通牒」（依命通牒《いめいつうちょう》）を発している。この通牒の第三項には「従前の規定が廃止となり、新しい規定ができていないものは、従前の例に準じて、事務を処理すること」とあり、例として「皇室諸制典の附式、皇族の班位等」が挙げられている。

この依命通牒に基づいて、たとえば、歌会始《うたかいはじめ》や講書始《こうしょはじめ》の儀、皇族の成年式や御結婚の儀、立太子令、昭和天皇の御大喪、今上天皇の御大典などが旧皇室令に準拠して行われたが、あとで述べるように、昭和から平成への御代替わりでは、御大喪で鳥居を設置するかどうか、大嘗祭を行うかどうかなど具体的な儀礼の内容について、根拠法令がないために甲論乙駁《こうろんおつばく》の議論が生じた。

皇位継承にあたって極めて重要な儀式である大嘗祭の斎行《さいこう》すら危ぶまれる事態だった。また、皇室行事に政治が介入する事態も生まれてしまった。

さらに、伊勢《いせ》神宮の式年遷宮《せんぐう》は、帝国憲法体制の下では、内務省管轄の造神宮使庁という機関が行っていたが、神道指令によって造神宮使庁が廃止《はいし》され、予算もつかなくなった。そのため、昭和二十八年に行われた戦後一回目の式年遷宮以来、民間の募金で行われるようになっている。

皇室の藩屏と専門官僚の消滅

法的・制度的解体の第三は、皇室を支える「藩屏《はんぺい》」の否定である。

明治時代に制定された公侯伯子男の華族制度において、華族は皇室を守る役割という意味を持つ「皇室の藩屏」と位置づけられ、宮内省が華族の監督・統制・保護を行っていた。

しかし、華族制度は占領中に廃止され、宮内省は宮内庁に格下げされて、皇室を支える専門官僚は生まれなくなった。戦前までの宮内省は皇室典範の宮内令に基づき、内閣から独立していた。職員の給与も一般の官僚とは違い、皇室財産から賄《まかな》われていた。そうすることで皇室に対する政府の介入を抑止しようとしたのだ。

だが、憲法改正によって宮内省は他省庁と同様の政府の一機関とされ、規模も終戦時の六千二百人余りから千四百五十余人と、約四分の一に縮小された。大日本帝国憲法体制の下では、宮内省は生え抜きの専門官僚を育てることができたが、法制度上その基盤は失われてしまった。

このため、現在では宮内庁の官僚のほとんどが外務省や厚生労働省、警視庁からの出向で占められている。皇室の伝統を知らない官僚が皇室の日常活動を支えていかざるを得ない状態になっているのだ。このことは皇室の伝統を守っていく上で大きな支障になっている。また、宮内庁が公務員の立場で宮中祭祀に関わることは政教分離の建前で厳しく規制されてしまっている。

たとえば、新年に宮中で行われる歌会始の儀一つとっても、息を合わせた所作ができるようにするために年間を通した練習が必要とされる。歌会始は司会役や進行役などの指示は何もなく、わずかに目で合図するだけで、歌の調べ以外の音声が一切ない状態で進んでいくものだからだ（渡邉允『天皇家の執事』文春文庫）。

皇居の宮中三殿に奉仕する内掌典《ないしょうてん》を戦中から五十七年間務めた高谷朝子女史によれば、御《ご》神饌《しんせん》の清め方や宮中三殿の掃除の仕方、拝礼の仕方はもとより、着替え、洗面、食事など、日々の生活のありとあらゆることに伝統的作法があり、習い覚えたことを文字に書くことは許されず、先輩からの口伝《くでん》で学んでいったという（『宮中賢所物語』ビジネス社）。

内掌典のように直接宮中祭祀に奉仕する職員は、戦前までは宮内省に属していたが、戦後は宮内庁から外され、皇室の私的使用人という扱いになってしまったのだ。

一方、宮内庁職員も、こうした皇室の伝統に触れる機会を奪われてしまった。

皇室財産の剥奪

皇室解体の第二の手段は、経済である。

終戦時、御料林《ごりょうりん》などを含めると皇室は当時の貨幣価格で約三十七億円の財産を持っていた。巨大な皇室財産があったからこそ、明治天皇や昭憲皇太后の福祉事業が可能だった。だが、戦後は皇室財産の大半が国庫に入れられたため、皇室がいくつもの福祉事業を財政的に庇護《ひご》し、支えることはできなくなった。

皇室が御内帑金（ポケットマネー）で貧困層の人々の医療を援助されていた戦前とは打って変わって、戦後は皇族方が御自分の医療費の捻出《ねんしゅつ》にも御苦労されるようになった。「髭の殿下」の愛称で親しまれた三笠宮寛仁《みかさのみやともひと》親王殿下は平成三年以降がんの治療を続けてこられたが、健康保険がないので全額自己負担で医療費を賄われたという。その後、それを知った宮内庁のはからいでがんの医療費だけは公費から出るようになったものの、それ以外の医療費は自己負担であり、講演料などで賄われたということだ。

また、多額の財産税の賦課《ふか》、皇族の経済的特権の剥奪《はくだつ》などによって、十一宮家が臣籍降下《しんせきこうか》を余儀なくされた。男系男子の皇位継承資格者を減らすことで、徐々に皇室を枯らしていく政策である。また、宮家は皇室にとって身近な相談相手でもあったから、宮家の激減はそういう意味でも打撃となった。

日本文化からの排除

占領軍が行った皇室解体のための第三の手段は、道徳や宗教性を含む精神生活の中心としての機能の剥奪である。皇室に対する国民の敬意を消し去るため、ありとあらゆる手段が使われた。

第一に、学校および公的機関からの徹底した皇室と神道の排除である。神道指令によって、国や地方公共団体は財政的援助を含めて神道への支援一切を禁じられ、学校を含めて、すべての公的機関から神棚《かみだな》が撤去された。学校では、神道教育や、学校行事として神社を参拝すること、天皇陛下万歳を唱えること、「建国神話」や「万世一系」、皇居遥拝《ようはい》などが禁じられた。政府や地方公共団体が公共施設を建設する際などの地鎮祭《じちんさい》も禁じられた。

第二に、道徳教育の否定である。修身・歴史・地理の授業が停止され、教育勅語《ちょくご》も国会で排除・失効の決議が行われた。

教育勅語は、明治維新後の高等教育で日本の歴史、伝統、道徳がなおざりにされていることを懸念された明治天皇が教育の根本を立て直そうとされたことに端《たん》を発して発布《はっぷ》されたものだった。教育勅語は法律ではなく、あくまで明治天皇の名で出された道徳に関する指針であり、戦前の道徳教育の柱となったものだ。法律と道徳とを明確に分けた上で、明治天皇は、教育の根本である道徳を大切にしよう、ともに道徳的指針を守っていこうと国民に呼びかけられたのだ。

日本の敗戦後、占領軍は日本政府に圧力をかけて教育基本法を制定させた。その時点では日本政府は、教育基本法と教育勅語は両立すると考えていた。

だが占領軍は教育勅語が軍国主義教育の原因であると誤解し、日本政府に圧力をかけて教育勅語を廃止するよう要求した。そこで昭和二十三年六月十九日に衆議院で教育勅語の排除決議が、参議院で失効確認決議が行われた。

その後、マスコミが教育勅語に悪しきレッテルを貼って宣伝を繰り返したこともあって、教育勅語が時代錯誤な盲目的天皇崇拝を子供たちに刷り込むものだとか、軍国主義の元凶だとか、あるいは教育勅語は日本国憲法に違反しているなどといった誤ったイメージで語られることが多くなっている。

だが、実際に教育勅語の内容を見れば、こうしたイメージは事実と異なる。
「父母に孝に」（親に孝養を尽くしましょう）
「兄弟に友に」（兄弟・姉妹は仲良くしましょう）
「夫婦相和し」（夫婦は互いに分を守り仲睦《むつ》まじくしましょう）
「朋友《ほうゆう》相信じ」（友達はお互いに信じ合いましょう）
「恭倹《きょうけん》己れを持し」（自分の言動を慎みましょう）
「博愛衆に及ぼし」（広くすべての人に慈愛の手を差し伸べましょう）
「学を修め業を習い」（勉学に励み職業を身につけましょう）
「以《もっ》て智能を啓発し」（知識を養い才能を伸ばしましょう）
「徳器を成就し」（人格の向上に務めましょう）
「進んで公益を広め世務を開き」（広く世の人々や社会のためになる仕事に励みましょう）
「常に国憲を重んじ国法に従い」（法令を守り国の秩序に遵いましょう）
「一旦緩急あれば義勇公に奉じ以て天壌《てんじょう》無窮《むきゅう》の皇運を扶翼《ふよく》すべし」（国に危機が迫ったなら国のため力をつくし、それにより永遠の皇国を支えましょう）
こうして列挙すれば明らかなように、教育勅語に書かれていることは、民主主義国家においても重要な道徳の基本にすぎない。この教育勅語を排除することで学校教育で皇室に触れることはタブー視されるようになってしまった。

第三に、皇室祭祀と密接に関連付けられていた祝祭日が変更された。祝祭日とは一年の暮らしの中で宗教や伝統や慣習に根ざしたリズムを形作るものであり、共同体を統合するものでもある。戦前には、皇室祭祀令で以下の祭祀が定められていた。

まず天皇が自ら斎行される大祭として、次のものがあった。

元始祭《げんしさい》（一月三日）　皇位の始原を祝う。

紀元節祭《きげんせつ》（二月十一日）　建国の祖として神武《じんむ》天皇を祭る。

春季皇霊祭《こうれい》（春分の日）　歴代天皇などの霊を祭る。また、春分の日には天神地祇《てんしんちぎ》と八百万《やおよろず》の神を祭る春季神殿祭も行われる。

神武天皇祭（四月三日）　神武天皇崩御《ほうぎょ》日。

神嘗祭《かんなめ》（十月十七日）　伊勢神宮の最重儀である神嘗祭を宮中賢所でも行う。皇室から神宮に幣帛使《へいはくし》（祭祀のための献上物を奉納する使者）が派遣される。

新嘗祭《にいなめ》（十一月二十三日）　その年の初穂を天照大御神《あまてらすおおみかみ》に供する。

このほかの大祭として、大正天皇祭など三代までさかのぼる先帝の式年祭《しきねん》、先后の式年祭などがあった。

また、掌典長が祭礼を行い、天皇が拝礼される小祭として、歳旦祭《さいたん》（一月一日）、祈年祭（二月十七日)、明治節祭(十一月三日)、天長節祭《てんちょうせつ》(天皇誕生日)などがあった。

戦前は大祭のすべてと歳旦祭、明治天皇と大正天皇の式年祭、明治節祭、天長節祭の日が国民の休日になっていた。これらの休日の多くは戦後も引き継がれたものの、名称が変更され、意味や由来がわからなくなっている。

たとえば明治節祭は現在、「文化の日」になっているが、この日が明治天皇誕生日であることを意識している人がどれだけいるだろうか。

占領軍は、あたかもロボトミー手術を施すかのように、日本の文化・社会・暦から「天皇、皇室とのつながり」を取り除こうとしたのである。かくして国民は、天皇、皇室のことを考える機会を急速に失っていく。

皇室誹謗のプロパガンダを可能にした「不敬罪」の廃止

占領軍は、昭和二十年九月十九日に発したプレスコードで連合国への批判などを禁じ、それから間もなく新聞、ラジオ、映画などの検閲を開始した。

検閲項目には、占領軍が憲法を起草したことに対する批判、米国、ソ連、英国、中国、朝鮮に対する批判、連合国の戦前の政策に対する批判のほか、神国日本の宣伝、軍国主義の宣伝、ナショナリズムの宣伝も含まれていた（江藤淳『閉された言語空間』文春文庫）。

何が神国日本や軍国主義やナショナリズムの宣伝にあたるのかは占領軍の判定に任されていた上、占領軍の一部には皇室が日本による侵略や軍国主義の源泉であると主張する人々が少なくなかった。占領軍が検閲《けんえつ》指針を示した文書に罰則は書かれていなかったが、場合によっては処罰された。

また、占領軍は日本国内に流通していた書籍のうち、特定のテーマに関するものを密かに没収して廃棄した。日本文化・精神に関する本も没収対象で、『日本精神講座』『皇道哲学』『日本的世界観』『国民精神の大本』といった本が没収されている（西尾幹二『GHQ焚書図書開封1』徳間文庫カレッジ）。

こうして皇室に関するまともな情報のインプットを徹底して阻害する一方で、占領軍は刑法の「不敬罪」を廃止した。その動きに乗って、左翼活動家たちは悪意に満ちた扇情的な皇室誹《ひ》謗《ぼう》記事を大量に発行した。

たとえば『真相』という暴露雑誌は「理屈でなしに事実により、天皇制、資本主義機構の徹底的解剖を行い、人民諸君に対する民主主義教育の一助たらんとする」と創刊の辞で謳《うた》い（傍点筆者）、連合軍の皇室解体政策の波に乗って皇室攻撃の急先鋒《きゅうせんぽう》に立っていた。その刊行元である共産党系の出版社、人民社の松本健二は、『戦後日本革命の内幕』（亜紀書房）で、皇室を悪く書いても罪に問われることがないように、不敬罪を廃止してくれと占領軍司令部に申し入れたことを回顧している（加藤哲郎のネチズン・カレッジ、20世紀メディア研究所第113回研究会「［資料］戦後時局雑誌の攻防　1946–57―『政界ジープ』vs.『真相』、http://netizen.html.xdomain.jp/jikyoku.pdf、二〇一八年十一月十一日取得）。

不敬罪廃止により、松本らは安心して、『ヒロヒト君を解剖する』や、歴代天皇を貶めるまるで実話雑誌のような『読み物天皇紀』などの激烈な皇室誹謗を書くことができたのだった。

このように「皇室」にとって圧倒的に不利な政治・社会体制が現行憲法と関連法規に基づいて構築されたのが、「戦後」という時代であった。

法的にも制度的にも思想的にも皇室を支える仕組みがほとんどない中で、左派マスコミと革新勢力の批判の矢面に立たされながら天皇陛下は、皇位継承者として歩んでいかざるを得なかったのである。その構造は今も基本的に何ら改善されていない。

昭和天皇の戦い

こうした占領政策に対して「国民との信頼」を掲げて果敢に抵抗されたのが昭和天皇であり、当時の日本政府であった。

昭和二十一年一月一日に発出された「新日本建設の詔書」は、占領軍の意図としては天皇の神格否定の宣言だったが、昭和天皇の真意は全く違うところにあった。

まず詔書の冒頭で、昭和天皇は明治天皇の五箇条の御誓文を全文挙げられている（表記は片仮名・旧仮名遣いを平仮名・新仮名遣いに変更した。以下同じ）。

《茲《ここ》に新年を迎う。顧みれば明治天皇明治の初《はじめ》国是として五箇条の御誓文を下し給えり。曰く、

一、広く会議を興し万機《ばんき》公論に決すべし

一、上下《しょうか》心を一にして盛んに経綸を行うべし

一、官武一途庶民に至る迄《まで》各其の志を遂げ人心をして倦《う》まざらしめんことを要す

一、旧来の陋習《ろうしゅう》を破り天地の公道に基くべし

一、智識を世界に求め大に皇基《こうき》を振起《しんき》すべし》

そして、こう続けられている。

《叡旨《えいし》公明正大、又何をか加えん。朕《ちん》は茲に誓を新にして国運を開かんと欲す。須《すべか》らく此の御

趣旨に則り、旧来の陋習を去り、民意を暢達《ちょうたつ》し、官民挙げて平和主義に徹し、教養豊かに文化を築き、以て民生の向上を図り、新日本を建設すべし》

五箇条の御誓文で明治天皇が告げられた叡旨《えいし》は公明正大で、付け加えるものは何もない。昭和天皇御自身がこの五箇条の御誓文の誓いを新たにして、官民を挙げて日本を立て直していこうとおっしゃったのである。

「新日本建設の詔書」は、戦禍によって家や職を失って困窮し、敗戦の衝撃に混乱する国民を労り励ます言葉のあとに、こう続く。

《然れども朕《ちん》は爾等《なんじら》国民と共に在り、常に利害を同じうし休戚《きゅうせき》（苦楽）を分たんと欲す。朕と爾等国民との間の紐帯《ちゅうたい》は、終始相互の信頼と敬愛とに依《よ》りて結ばれ、単なる神話と伝説とに依りて生ずるものに非《あら》ず。天皇を以《もっ》て現御神《あきつみかみ》とし且《かつ》日本国民を以て他の民族に優越せる民族にして、延《ひい》て世界を支配すべき運命を有すとの架空なる観念に基くものにも非ず》

この部分が「神格否定」と解釈されたため、俗に「人間宣言」と呼ばれたが、後年、昭和天皇は記者に答えて真意を語られている（傍点筆者）。

《記者　戦後21年の初頭に当たりまして、いわゆる神格否定のご詔書をお出しになった。（中略）そのご詔勅の一番冒頭に明治天皇の「五箇条御誓文」というのがございますけれども、これはやはり何か、陛下のご希望もあったと聞いておりますが。

天皇　そのことについてはですね、それが実はあの時の詔勅の一番の目的なんです。神格とかそういうことは二の問題であった。

それを述べるということは、あの当時においては、どうしても米国その他諸外国の勢力が強いので、それに日本の国民が圧倒されるという心配があったから。

民主主義を採用したのは、明治大帝の思し召しである。しかも神に誓われた。そうして「五箇条御誓文」を発して、それがもととなって明治憲法ができたんで、民主主義というものは決して輸入のものではないということを示す必要が大いにあったと思います》（高橋紘・鈴木邦彦編著『陛下、お尋ね申し上げます』文春文庫、傍点筆者）

常に国民と共にあって苦楽を共にし、終始相互の信頼と敬愛とによって国民と結ばれている皇室。第一章で述べてきた皇室の姿そのものである。明治天皇の五箇条の御誓文と帝国憲法の本来の運用に立ち返ることが皇室のあるべき姿であるという意味も読み取れる。

三万三千キロの旅

昭和天皇は戦災で疲弊した国民を励ますため、昭和二十一年から二十九年まで、総日数百六十五日、合計三万三千キロに及ぶ御巡幸《ごじゅんこう》を行われた。御巡幸を始めるに際して、昭和天皇は当時の行幸主務官加藤進《すすむ》氏にこうおっしゃっている。

《「今度の戦争で、国の領土を失い、国民の中に多数の死傷者を出し、たいへんな災厄を受けた。この際、わたしとしてはどうすればいいのかと考えたが、結局、広く地方を歩いて遺家族や引揚者を慰め、または励まし、元の姿に返すことが自分の任務であると思う。わたしの健康とかなんとかは全然考えなくてもいい、その志を達するよう全力を挙げてこれを行え」》（岸田英夫『天皇と侍従長』朝日文庫）

昭和天皇は御巡幸のことを終戦当時から考えておられた。

加藤進・元宮内府次長によると、昭和天皇は昭和二十年三月十八日に深川《ふかがわ》で東京大空襲の戦災の状況を視察され、おそらくそのときから、自ら各地を回って国民を慰め励まさねばならないと決意されておられたのだという。

また、御巡幸は、明治天皇の御事績《ごじせき》に倣《なら》うことでもあった。江戸時代には天皇が御所から外にお出ましになることはなく、幕末には孝明天皇が石清水八幡宮《いわしみずはちまんぐう》と賀茂社に行幸《ぎょうこう》されているが、地方への行幸などはなさっていない。

しかし明治天皇は、親しく民情を知らなければ君主の重責を果たすことはできないという「明治維新の宸翰《しんかん》」に記された精神に基づき、六回の御巡幸のほか、数多くの地方行幸を行われている。

昭和天皇の御巡幸が行われたのは、敗戦と過酷な占領政策、食糧不足と大量の失業で騒然たる情勢の真っ只中であった。昭和二十一年五月十九日には宮城前広場で「飯米獲得人民大会」が行われ、集まった群衆の一部が皇居に乱入する騒ぎも起きている。

日本政府高官らは昭和天皇の安全を危惧《きぐ》して御巡幸には反対であった。逆に占領軍幹部の一部は、昭和天皇が御巡幸で国民から怒りや怨みをぶつけられることを期待していた。

《「ヒロヒトのお蔭で父親や夫が殺されたんだからね、旅先で石のひとつもなげられりゃいいんだ」

「ヒロヒトが四十歳を過ぎた猫背の男ということを日本人に知らせてやる必要がある。神様じゃなくて人間だ、ということをね」

「それが、生きた民主主義の教育というものだよ」》（高橋紘・鈴木邦彦『天皇家の密使たち』文春文庫）

だが昭和天皇の御決意は揺らがなかった。

昭和天皇はストライキに揺れる工場にも、炭鉱の地下の採掘現場にも、戦災孤児たちの施設にも、学生運動で騒然とする大学にも赴《おもむ》かれた。復員兵士の一人ひとりに「どこから帰ってきたか」「食物はどうであったか」「戦争中は御苦労であった」とねぎらい、雨の中でも奉迎の人々に向かって帽子を振り続け、宿のないところではゆっくり体を伸ばせる寝台も風呂もないお召《めし》列車の中や、学校の教室の板の間にお休みになられたこともある（鈴木正男『昭和天皇の御巡幸』展転社）。

昭和二十二年夏、東北で大水害が起きたときには、炎暑ものともせず、側近の反対を押し切って行幸された。

《民情御視察の全国の旅を続けさせられている陛下の今度の行幸はかつてない耐熱行幸であるが、わざわざこの旅を決定されたのは「東北の運命（註、食糧の増産）は真夏にかかっている。

東北人の働くありのままの姿を是非この目に見て激励してやりたい」との御気持ちからの由である。側近はおからだにさわりでもあってはと心配していたが、陛下は「国民はみな汗を流して働いている。自分のからだは心配に及ばない」といわれたそうである。

その後、水害に遇って御延期も止むを得ないだろうと心配していると、陛下は「殊にひどかった秋田県には是非行って状況を視察激励してやりたい」と、以前なら侍従にさせられた所を御自身で行かれたい気持ちをもらされていて御出掛けになるとのことである。

御迎えする地方では盛沢山の計画で御迎えするが、検分の結果何カ所か取り止めになった。それでも毎朝七時、八時の御出かけで帰りは午後五時過ぎ、遅い時は九時過ぎのこともある多忙な御日程で、車中でも御応えになるので御身体の休まる暇はほとんどない。

関西の時は季節遅れの六月であったが、自動車の車内空気は外気より五、六度高く三〇度から三五度に上がっていた。今度車中の水銀柱はどこまで上るだろう、おそらく真昼の直射の中で御迎えする民衆よりたえ難い経験をされるだろう（中略）

御自身の苦痛をこうして覚悟される陛下は、その暑さにお迎えする民衆がさぞ難儀するだろうと心配されて「地方の人達にはなるべく自由に迎えるように、学童たちをどうしてもならばせるときは日陰をえらぶように……」と行幸主務官を通じて地方庁に伝えられた》（秋田魁新聞、昭和二十二年八月三日。出典は同前。表記を新仮名遣いに改めた。以下同じ。）

そして日本中至るところで、国民は熱烈な歓迎で迎えた。

《陛下が（江崎注　常磐炭鉱坑内の）通風門にさしかかられた時、突如、萬歳《ばんざい》の声が爆発した。坑内ではあらかじめ萬歳は遠慮するよう固くとめられていたのだが、もうどうにもこらえることが出来なくなったのである。陛下はこれに応えて人車に乗られる。やがて地上へ出られたが、陛下は流汗淋漓《りゅうかんりんり》である。地上でも、その汗をお拭い遊ばすいとまもなく萬歳の嵐が陛下を御迎えする。

陛下はここでオープンカーを召され、強烈な直射日光の中を平《たいら》駅まで三十分間、沿道の奉迎に応えられつつ進まれ、駅近くで御下車になり御歩きになった。群衆は熱狂して陛下めがけて押しかけた。警備の危険を感じたMPは、ついに威嚇射撃をしてやっとこれを鎮めた》（同前）

日本政府の奮闘

こうした昭和天皇の奮闘に、ときの日本政府も呼応した。

既に述べたように日本国憲法では、天皇は「国政に関する権能を有しない」（第四条）とされている。しかしその一方で、次の条文も存在する。

第六条　天皇は、国会の指名に基づいて、内閣総理大臣を任命する。

総理大臣を指名するのは国会だが、任命は天皇がすることになっている。天皇が親任式で任命しなければ総理大臣になれない。

さらに、第七条では天皇の国事行為を次のように規定している。

第七条　天皇は、内閣の助言と承認により、国民のために、左の国事に関する行為を行ふ。
一　憲法改正、法律、政令及び条約を公布すること。
二　国会を召集すること。
三　衆議院を解散すること。
四　国会議員の総選挙の施行を公示すること。
五　国務大臣及び法律の定めるその他の官吏の任免並びに全権委任状及び大使及び公使の信

任状を認証すること。

六　大赦《たいしゃ》、特赦、減刑、刑の執行の免除及び復権を認証すること。

七　栄典を授与すること。

八　批准書及び法律の定めるその他の外交文書を認証すること。

九　外国の大使及び公使を接受すること。

十　儀式を行ふこと。

占領軍が憲法草案を作成して日本側に押し付けて天皇と国政を執拗《しつよう》に切り離そうとしたにもかかわらずこれらの条文があるのは、当時幣原《しではら》内閣の外相だった吉田茂ら、日本政府の抵抗があったからだ。

天皇は「国政に関する権能を有しない」はずだが、実際には天皇の御名御璽《ぎょめいぎょじ》がなければ法律一つ公布することはできないし、国会召集、衆議院解散、国会議員選挙の公示もできない。また、条約の批准や外国からの賓客《ひんきゃく》の接遇を行うのは元首の務めである。日本政府は、占領軍の英文草案を日本語に訳す段階や、文語体を口語体に直す段階で、できる限り天皇の国務に関する権能を維持しようとした。

あくまで天皇と国政との関係を断ち切ろうとする占領軍によって押し返された結果、第四条の文言は「国政に関する権能を有しない」という表現になってしまったが、日本政府は第六条と第七条によって天皇が引き続き日本の元首であるとする解釈が可能となる条文を勝ち取ったのである。

さらに、日本政府は条文を積極的に解釈することで天皇と国政の関係を維持しようとした。たとえば、憲法担当の金森徳次郎国務大臣は次のように答弁している。

《国の象徴ということは、（中略）現実の姿に於きましては、やはりこれに伴う所の諸般《しょはん》の政治行為を必要なる限度に於て行わせられなければ、十分趣旨は貫かないと思うのであります。（中略）でありますからどうしても若干の国務は行わせられなければならぬ。而《しか》もこれは政治の一部であることは云うまでもありませぬ。（中略）君主は統して治せずと云うことの原則を、先ず相当の程度まで守りつつ、而も有名無実なる国の象徴ではないと云うことを見出すだけの規定を設けた》（衆議院帝国憲法改正案委員会、昭和二十一年七月十二日）

つまり、当時の日本政府は、国の象徴たる天皇は、君主として国民を統合していくためにも、「国会の指名」または「内閣の助言と承認により」という限定があるものの、政治の一部である国務を行うと解釈していた。

国家の危急存亡のとき、天皇が究極の安全保障装置であることは既に述べた。もし天皇が国務に関する権能を失ったら非常事態のときに日本は立ち行かないという危機意識を、当時の政府の要路の人々は共有していた。心ある人々が日本の命運と天皇との結びつきを何としても現行憲法に残そうとしたのである。

占領軍に乗じた「進歩的文化人」と戦後

こうした昭和天皇と日本政府の奮闘を否定しようとしたのが、占領軍に呼応した進歩的文化人と呼ばれる学者たちであった。

憲法条文をどのように解釈し、どのように運用するかということは、時として条文の文言以上に重要性を持つことがある。日本国憲法を運用する上でこのまま積極的な憲法解釈を積み重ねていくことができていたら、のちに生じた皇室に関わる憲法上の様々な問題は起きなかったかもしれない。

しかし、学界は、逆の方向に進んだ。東京大学で美濃部達吉博士の跡を継いだ宮澤俊義《としよし》教授は、昭和二十一年五月、雑誌『世界文化』に「八月革命と国民主権主義」という論文を発表し、政府が昭和二十一年三月六日に発表した「憲法改正草案要綱」を基に、日本は「神権主義」による「天皇の政治」から「国民主権主義」による「人民の政治」に変わったと主張した。そして、皇室と国政を限りなく切り離す方向の憲法解釈を打ち出したのである。

君主の務めである外国の大使の信任についても、作家の江藤淳氏との間で次のようなやり取りがあったという。

《私はかつて憲法学者の宮澤俊義先生に、いま外国の大使が日本に着任すると、宮中に参内して信任状を奉呈しますが、あれは吉田茂が残した慣行で、憲法学的には何の意味もないとうかがったことがあります。では、信任状を受け取られる陛下の憲法上のお立場は何ですかと尋ねましたら、「大きな声では言えないけれど、総理大臣の門番と同じだと」》（高坂正堯編『吉田茂』TBSブリタニカ）

さらに宮澤教授は『日本国憲法』（日本評論新社）で天皇の象徴性を「なんらの実質的な権力をもたず、ただ内閣の指示にしたがって機械的に『めくら判』をおすだけのロボット的存在」と規定した。『日本国憲法』は何度も改訂されながら憲法学の教科書として使い続けられていった。

東大憲法学の教科書で天皇がこのように記述された影響は大きい。憲政史家の倉山満氏が指摘しているように、司法試験、公務員試験、教員試験は東大憲法学に基づいて作成される。東大憲法学の価値観は義務教育や高校の教科書記述にも多大な影響を及ぼす。こうして法曹界も官僚も学界も教育界も東大憲法学の価値観に染まっていくことになり、皇室の伝統を蝕《むしば》むことになっていく。

第四章　変質した内閣法制局

「政教分離」を盾に宮中祭祀を排除しようとした宮内庁

皇室を着実に弱らせて、やがては廃止する方向に持っていく——悪意に満ちた憲法の毒は月日の経過とともに、次第に蔓延《まんえん》していった。

それにつれて、皇室がどういう御存在なのか、皇室の伝統、特に宮中祭祀《さいし》がどういう意義を持つものなのかを見失う人々が政府・官僚の間に増えていった。

皇室行事や、国民の安寧《あんねい》を願って歴代の天皇が脈々と続けられてきた宮中祭祀について、まず天皇のお膝元《ひざもと》である宮内庁の姿勢を見てみよう。

占領軍の神道指令によって旧皇室典範《てんぱん》が廃止《はいし》され、それに伴って皇室祭祀の根拠法令となっていた皇室令とその附属法令が廃止させられた。

前述したように、この当時、宮内庁は、何とか皇室の伝統を守ろうとして昭和二十二年五月三日に文書課長名で「皇室令及び附属法令廃止に伴い事務取扱に関する通牒」（依命通牒《いめいつうちょう》）を発した。宮内庁は依命通牒の中で、応急措置として「従前の規定が廃止となり、新しい規定ができていないものは、従前の例に準じて、事務を処理すること」と定めた。

この規定に基づいて戦後も皇室の伝統行事や儀式、具体的には歌会始の儀や講書始の儀、皇族の成年式や御結婚の儀、立太子礼《りったいしれい》などが旧皇室令に準拠して行われていた。

ところが、三木武夫政権のもと、宇佐美毅《たけし》宮内庁長官・富田朝彦《ともひこ》次長の時代の昭和五十年八月十五日、宮内庁長官室会議において突然この通牒が反故《ほご》にされ、この年九月には『宮内庁関係法規集』から消えてしまった。依命通牒によってかろうじて残っていた宮中祭祀の法的根拠が完全に失われてしまったのだ。

長官室会議からわずか半月後の九月一日には早くも宮中祭祀に変化が起きている。

昭和天皇の宮中祭祀に二十数年携わった元宮内庁掌典補《しょうてんほ》の永田忠興《ただおき》氏は二〇一二年二月号の『文藝春秋』で、ジャーナリストの斎藤吉久氏のインタビューに答えてこう語っている。

《**永田**　……現実に、五十年九月一日以降、毎朝御代拝の服装、場所が急に変更されました。

庁外からの「外圧」でもあったのでしょうか。

――毎朝御代拝は、天皇が毎朝、御自身の代わりに、側近の侍従を潔斎のうえ、宮中三殿に遣わし、烏帽子《えぼし》・浄衣に身を正し、殿内で拝礼させるものですね。平安時代に始まる、歴代天皇がみずから神宮（伊勢）などを遥拝された石灰壇御拝《いしばいだんのごはい》に連なる歴史ある重儀です。

永田　ところが服装は洋装のモーニング・コートに、拝礼は庭上から、と変更されました。「侍従は国家公務員だから、神道という宗教にタッチすべきではない」として、神道色を薄めるための配慮がなされたと説明されています》（永田忠興、インタビュー斎藤吉久「左遷された『昭和天皇の忠臣』」『文藝春秋』二〇一二年二月号）

拝礼自体が宗教的行為なのだから、「神道色を薄めるため」に服装を変えるというのもわけのわからない話だ。永田氏によれば、このような恣意的で便宜的な変更が、「陛下や皇族方の意思によらず、側近の事務方によって一方的に」行われたという。

神道指令で占領軍は、神道を公的なあらゆる組織から徹底して排除した。役所の建物の中に祀《まつ》られていた神棚《かみだな》もすべて撤去させたし、公共施設建設のための地鎮《じちん》祭などにも神経を尖《とが》らせていた。

そういう中で、当時の日本政府は「宮中祭祀は皇室の私事」という方便で、何とか占領軍の干渉から宮中祭祀を守ろうとしたのである。

ところが、この「方便」が独り歩きするようになる。

日本国憲法の「政教分離」を文字通りに厳しく解釈し、「自分たちは国家公務員なのだから『皇室の私事』である宮中祭祀に関わるべきではない」という考え方が宮内庁の中に浸透していったのだ。

永田氏によれば、その影響は宮中祭祀以外にも及んでいた。

《たとえば宮中には、吹上御苑《ふきあげぎょえん》に祀《まつ》られている山の神様の祭りや、鍛冶屋《かじや》さん特有の守護神をまつる「ふいご祭り」など、民間信仰に基づく神事が伝えられています。こうした伝統的神事に、以前は管理課長以下が参列していました。けれども、やはり昭和四十年代以降、「公務員だから」との理由で、直接の関係者のみで内々に行われるようになりました》（同前）

そして昭和五十五年一月には、昭和天皇の御高齢を理由に、お出ましの祭詞を春と秋の皇霊《こうさい》祭《れい》と「略式」新嘗《にいなめ》祭の三つだけにすることが宮内庁内で提案される。この時、昭和天皇はお許しにならなかったが、昭和五十七年にはついに、昭和天皇お出ましの祭祀が四つ（春と秋の皇霊祭、神嘗《かんなめ》祭、新嘗祭）に制限された。

「大嘗祭は許されない」――最大の敵となった内閣法制局

政府の中で事実上、憲法解釈権を握《にぎ》っているのは内閣法制局である。宮内庁職員たちが皇室の伝統や祭祀よりも政教分離・信教の自由を優先するようになっていった背景には、内閣法制局の憲法解釈がある。

皇室の伝統について、内閣法制局の憲法解釈はどのように変わっていったのだろうか。

実は、少なくとも昭和三十年代まで、内閣法制局は「政教分離」をかなり緩やかに解釈していた。

たとえば、まだ占領中だった昭和二十六年、貞明《ていめい》皇后が崩御《ほうぎょ》したときには神道形式で御大喪《ごたいそう》が行われている。日本政府はこの御大喪を準国葬とし、国費を支出した。その背景として、占領軍の神道に対する政策がこの頃になると占領初期とは違って緩和されてきたことと、憲法解釈をできる限り日本の歴史と伝統に合致するものに近づけようとした日本側の努力がある。

御大喪から十八年も経った昭和四十四年に社会党の山崎昇議員が参議院内閣委員会で「憲法違反ではないか」と質問し、瓜生《うりゅう》順良宮内庁次長が答弁しているのだが、この答弁から内閣法制局の当時の憲法解釈を読み取ることができる。

《この皇太后さまがなくなられたときの葬儀《そうぎ》のやり方は神式でありますが、これはしかも国の予算でその葬儀が行われる点で御疑問を残しておられるかと思いますが、それはその当時、何か法制局のほうともいろいろ打ち合わせをしたようであります。それで、やはり葬儀という場合には、そのなくなられた人のやはり信仰を考えて、その方式によるのが普通である。何も全然無宗教の葬儀としても、なくなった方を弔《とむら》う道ではない。何かこれは国会関係のどなたかの、仏教の形式をとられて国の経費でやられたというのもあったですし、葬儀の性質上そうなるのである》（昭和四十四年七月一日、参議院内閣委員会）

要は、当時宮内庁と内閣法制局が、貞明皇后の御葬儀を神式で準国葬として行っても憲法上問題にならないかどうかを打ち合わせた結果、葬儀というものは故人の信仰によって行うのが普通であるから差し支えないという結論になったということだ。

「国会関係のどなたかの、仏教の形式をとられて」というのは、昭和二十六年の幣原喜重郎《しではらきじゅうろう》の衆議院葬と、昭和二十九年の尾崎行雄の衆議院葬が、築地本願寺で仏式で営まれたことを指している。

昭和二十七年に国事行為として行われた立太子の礼では宗教的色彩が排除されたが、昭和三十四年に国事行為として行われた皇太子同妃両殿下の御結婚の儀は宮中の賢所《かしこどころ》で神式で行われた。御結婚の儀を国事行為とした理由を、高辻正巳《たかつじまさみ》内閣法制次長（当時）は、次のように答弁している。

《このご婚姻にまつわる結婚の儀とか、あるいは朝見の儀とか、あるいはそのほかの儀がございますが、そういう儀のうちの主要なものにつきまして、皇太子殿下の御結婚を中核として、それにまつわるそういう儀式そのものを国の国事行為といたしまして挙行されること、これは、その中核的なものが皇太子殿下の御婚姻という普通の両性の合意に基づく性格を持つものでありましても、皇太子殿下の国法上における地位にかんがみまして、国民的関心がそれに集まることは、社会一般の事象でもございますし、当然に合理的であると認められますので、それを中核とするいろいろな儀式そのものを国事とすることは、別に差しつかえないのではないかというふうに考えておるわけでございます》（昭和三十四年三月六日、衆議院内閣委員会）

皇位継承の最も重要な儀式である大嘗祭《だいじょうさい》についてはどうか。憲法制定時に皇室典範の改正作業に携わり、法制局第一部長、のち次長として占領軍との交渉にあたった井手成三氏は、神道研究家葦津珍彦《あしづうずひこ》氏との質疑応答でこう述べている。

《**問**　「即位の礼に際し、天皇が大嘗祭を行われる時の経費は、国費によるべきか、内廷費によるべきものと思われるか」

答　現行法も皇室の由緒を尊重している。従来の大嘗祭の式次第は皇室内部の相続に関する一連の行事と解せられる。天皇家の承継に関する行事を中心として又之を裏返して、日本国の徴象たる地位の承継に関する行事が行われることが自然である。大嘗祭執行の事があれば、それは全部、又はほんの一部分のものを除き、当然即位礼に関する国費の内の部分として支出されて然るべきものと私は考える》（神社新報社政教研究室編『天皇・神道・憲法』神社新報社）

井手氏の発言は国会のような公的な場でのものではないが、憲法制定当時の内閣法制局の制定意図と解釈を非常にはっきりと表している点で重要だ。大嘗祭は日本国の象徴である天皇の地位を継承する行事の一部を成しており、「当然」国費で賄《まかな》うべきものだという考え方だったわけだ。

ところが、昭和五十四年四月十七日、衆議院内閣委員会で社会党の上田卓三《たくみ》議員が元号法制化に関連して、皇位継承に関わる践祚《せんそ》や大嘗祭がどのように扱われるかを質問したところ、真田秀夫内閣法制局長官はそれまでの政府見解を明確な説明もないまま突然、覆《くつがえ》してしまったのである。

《上田　……改元の問題を皇位継承という一連の流れの一環として見た場合に、旧皇室典範に記されているような践祚、大嘗祭といった儀礼はどのような扱いになるのか、言いかえれば、元号の法制化は践祚、大嘗祭その他の皇位継承儀礼の法制化へと道を開く危険性を十二分に持っておるのではないか、このように危惧《きぐ》するわけでありまして、そういう点で、この点について政府はどう認識しているのかお聞かせをいただきたい、このように思います。

真田　ただいま委員がおっしゃいましたように、旧制度のもとにおきましては、践祚とか改元とかあるいは大嘗祭とかというような一連の行為が連続して行われるようになっておったわけですが、今回の法案で考えております改元は、そういう即位の礼とか、それから大嘗祭なんというのは恐らく国事行為としても無理なのじゃないかと思うのですが、（中略）旧制度のようにー連のいろいろな儀式の中に取り込んで改元を行うというような発想ではございません。

上田　それでは、践祚とか大嘗祭という儀式はしないわけですか。

真田　現行の制度で申しますと、践祚という概念が実はないわけなんでして、先ほどお読みになりました皇室典範の第四条で「皇嗣が、直ちに即位する」ということと、それからいま一つ条文といたしましては、皇室典範第二十四条に「皇位の継承があったときは、即位の礼を行う。」という規定がございます。この「即位の礼を行う。」という場合の即位の礼は、憲法の規定に照らせば、憲法第七条の国事行為の末号にある「儀式を行ふこと。」という儀式に入るのだろうと思いますが、践祚という概念はもうございません。

それから、大嘗祭については現在もう規定はないというふうにお考えになって結構だと思います。（中略）

大嘗祭につきましては、これはもう少しせんさくしてみなければわかりませんが、従来の大嘗祭の儀式の中身を見ますと、どうも神式でおやりになっているようなので、それは憲法二十条第三項の規定がございますので、そういう神式のもとにおいて国が大嘗祭という儀式を行うこと、いい、いい、いい、いいとは許されないというふうに考えております》

大嘗祭とは、皇位を継承するにあたって、その年の新米と新粟を神々にお供えし、国家の安泰と国民の安寧《あんねい》を祈念される、天皇一代に一度の最も重要な儀式だ。こともあろうに内閣法制局長官がその儀式を「行うことは許されない」と明言してしまったのである。

日本は占領中、日本の政治原則、皇室の伝統に合わない歪《いびつ》な現行憲法を押し付けられてしまった。本来であれば日本政府は講和独立によって憲法解釈権を取り戻した時点で、憲法を改正するか、憲法を改正できなくともせめて日本の伝統に即した憲法解釈と運用を重ねるべきだった。

また、こうした憲法問題への対応と連動して、宮中祭祀や伝統を守るための法整備を行うべきだった。

だが残念なことに内閣法制局は、日本国憲法の字義通りに政教分離を厳しく解釈する傾向を強めて行き、皇室や宮中祭祀に関する憲法解釈を占領時よりもむしろ後退させてしまったわけである。言い換えれば、皇室の伝統にとって最大の敵は、サヨクでもマスコミでもない。内閣法制局となっていくのだ。

「践祚の概念がない」という驚愕の発言

昭和五十四年の真田法制局長官の「践祚の概念がない」というのも驚くべき発言だ。

そもそも践祚とは何かというと、「神器とともに皇位を受け継ぐこと」を意味する。

昔は「即位」と「践祚」の区別がなかったが、桓武《かんむ》天皇以来、皇位を象徴する剣・璽《じ》・神《しん》鏡《きょう》を承け継ぐことを「践祚」、践祚したあとで、皇位についたことを布告する儀礼を「即位」として、別個の儀礼が行われてきた。

三種の神器とともに皇位を継承する「践祚」は、一連の皇位継承儀式の中で最初の重要な儀式だ。旧皇室典範では、こう定められていた。

第十条　天皇崩スルトキハ皇嗣《こうし》即チ践祚シ祖宗《そしゅう》ノ神器ヲ承ク

第十一条　即位ノ礼及大嘗祭ハ京都ニ於《おい》テ之ヲ行フ

それが現行の皇室典範では、以下のように変更されてしまっている。

第四条　天皇が崩じたときは、皇嗣が、直ちに即位する

確かに条文だけを見れば、「践祚」という言葉が使われていないのは事実だし、神器の継承にも触れられていない。

しかし、昭和二十一年十二月六日の衆議院本会議で金森徳次郎憲法担当国務大臣は、次のように述べているのだ。

《践祚に関する規定、すなわち天皇崩御になりますれば、皇嗣すなわち践祚を遊ばされるという規定が一つでありまして、これは先にも御指摘になりましたように、文字こそ変わっており

まするけれども、ほとんどそのままに今回の改正案の中に入っておるのであります》

真田長官の答弁は、明らかに憲法制定当時の立法趣旨、政府見解に反するものだ。だが、当時の日本政府も政治家も、この真田長官の答弁の間違いを指摘し、是正しようとはしなかった。

しかし、践祚に関わる神器の存在は、現行法でも認められていることなのだ。たとえば、現行の皇室経済法では、次のように定めている。

第七条　皇位とともに伝わるべき由緒ある物は、皇位とともに、皇嗣が、これを受ける。

この条文を神道研究家の葦津珍彦氏は次のように解説している。

《ここに所謂《いわゆる》〝皇位とともに伝わるべき由緒ある物〟とあるのは、神器及び宮中三殿等を意味する。即ち現行法は天皇が皇祖伝来の神器を厳かに守り、宮中三殿の祭祀を維持し、之を皇嗣に譲らるべきことを、当然自明の事として予想している》（神社新報社政教研究室編『天皇・神道・憲法』神社新報社）

この葦津氏の解釈を支持するかのように、憲法制定時の昭和二十一年十二月六日の衆議院本会議で、金森徳次郎憲法担当国務大臣もこう述べている。

《これは皇位が継承せられますれば、三種の神器がそれに追随するということは、こととして当然のことと考えております。しかしながらこれに関しまする規定を、皇室典範の中には設けておりません。その次第は、他に考うべき点もありますけれども、主たる点は、三種の神器は一面におきまして信仰ということと結びつけておる場面が非常に多いのでありますから、これを皇室典範そのものの中に表わすことが必ずしも適当でないというふうに考えまして、皇室典範の上にその規定が現れてはいないわけであります。しかしながら三種の神器が皇位の継承と結びついておることはもとよりでありまするので、その物的の面、詰まり信仰の面ではなくして、物的の面におきましての結びつきを、何らか予想しなければなりませんので、その点は、恐らく後にご審議を煩わすことになるであろうと存じまするところの皇室経済法の中に、片鱗《へんりん》を示す規定があることと考えております》

昭和二十一年当時、占領軍による「神道」敵視政策は非常に厳しく、皇室典範の条文に神道に関わる規定を入れることはできなかった。そして、「宮中祭祀は皇室の私事」というのは、宮中祭祀を占領軍の神道敵視政策からなんとかして守るための苦肉の策だった。

しかし、言うまでもないことだが、宮中祭祀は皇室が国家と国民のために行われるものであって、「私事」などではあり得ない。

戦後、昭和天皇の信頼篤《あつ》い最側近として御巡幸を支えた大金《おおがね》益次郎・元侍従長は、昭和三十五年三月九日の憲法調査会で次のように述べている。


《陛下の宮中三殿ならびに神宮神社に御参拝になるときの御告文と申しますかおつげぶみと申しますか、そういうものを拝しましても、一言も個人的の安心立命とか、家庭の幸福とか、そういうことは述べられてないのであります。ただひたすらに国家の安寧と世界の平和とをお願いになっておるだけでございます。かようなことが果して個人の信仰なり、私的な行事ということができるかどうか。その憲法を改正されまして、象徴ということになりましたけれども、象徴たる天皇の行事であると私は思っております。またかくのごとき行事があればこそ、天皇が象徴であるということにほんとうの意義が生まれて来るのではなかろうかと私は思うのであります。そうでなければただの空文であり空事にすぎないと言わざるを得ないと思うわけでございます》（大原康男編著『詳録・皇室をめぐる国会論議』展転社）

「後奈良天皇」に言及された陛下の覚悟

このように皇室の伝統を守っていくうえで憲法解釈や運用が重要なのだが、政府も宮内庁も東京大学の宮澤憲法学とその影響を受けた内閣法制局の言いなりになっていく。

この危険な動きを察知されていた方がいた。天皇陛下である。陛下は皇太子時代に、憲法の解釈・運用について専門的な研究をされていたのである。

《これは皆で考えた問題ですけれども、天皇の歴史というものを、その事実というか、そういったものを知ることによって、自分自身の中に、皇族はどうあるべきかということが、次第に形作られてくるのではないかと期待しているわけです。（中略）

皇族として必要なものは学校外でやるのがいいんじゃないかなと。いま考えているのは、たとえば憲法ですね。もちろん大学でやりますけど、そういうものは大学でやるのに加えて、やはり必要なんじゃないかと。

私も田中二郎元最高裁判事（江崎注　教育基本法制定に際し占領軍と折衝。制定後は解説書を執筆）に憲法の話を伺っておりますのでお願いしたわけなんです。学者でもあるし、実際に判事として憲法にも関係したという、そういう点がやはり非常に大事だと思います。大学の先生でもそういう方もいるわけですけれども、実際に憲法の運用にあたった方の話に意味があるんじゃないかと思っています》（昭和五十二年お誕生日前御会見。以下、皇太子時代の天皇陛下と皇后陛下のお言葉は薗部英一編『新天皇家の自画像』文春文庫による）

こうした「天皇の歴史と憲法の解釈・運用」研究の中で天皇皇后両陛下は、「大嘗祭否定論」を唱える内閣法制局に対して、あくまで国家の安泰と国民の安寧を祈る皇室の伝統を守り抜く決意を明らかにされていく。

昭和五十六年、美智子妃殿下（当時）はお誕生日前御会見で次のように述べられた。

《**記者**　戦後生まれの世代が国民の過半数を占める時代になりましたが、今後皇室のあり方は変わってゆくとお考えですか。

美智子妃　時代の流れとともに、形の上ではいろいろな変化があるでしょうが、私は本質的には変わらないと思います。歴代の天皇方が、まずご自身のお心の清明ということを目指されて、また自然の大きな力や祖先のご加護《かご》を頼まれて、国民の幸福を願っていらしたと思います。その伝統を踏まえる限り、どんな時代でも皇室の姿というものに変わりはないと思いま

す》

「どんな時代でも皇室の姿というものは変わりない」というお言葉は、皇室の伝統を見失っていく政府とマスコミに向けられたものと受け止めるべきであろう。

そして昭和六十一年五月二十六日、当時皇太子だった天皇陛下も読売新聞への文書回答でこうおっしゃっている。

《天皇が国民の象徴であるというあり方が、理想的だと思います。天皇は政治を動かす立場にはなく、伝統的に国民と苦楽をともにするという精神的立場に立っています。

このことは、疫病の流行や飢饉《ききん》に当たって、民生の安定を祈念する嵯峨《さが》天皇以来の天皇の写経の精神や、また、「朕《ちん》、民の父母と為りて徳覆うこと能《あた》わず。甚《はなは》だ自ら痛む」という後奈良《ごなら》天皇の写経の奥書などによっても表されていると思います》

ここで注目しなければならないのは、「後奈良天皇」に言及されていることだ。後奈良天皇の時代はいかなる時代か。

一四六七年に始まった応仁《おうにん》の乱を契機《けいき》に室町幕府は衰え、群雄割拠《ぐんゆうかっきょ》の戦国時代に移行していく。これは同時に皇室を支える経済体制が弱まることでもあった。一五二一年、後柏原《ごかしわばら》天皇が践祚後二十二年目に即位の大礼を挙行したが、大嘗祭は行えなかった。後柏原天皇の前の後《ご》土御門《つちみかど》天皇が一四六六年に大嘗祭を挙行して以後、九代二百二十一年にわたって大嘗祭が中絶することになる。

一五二六年に崩御した後柏原天皇に代わって三十一歳で践祚《せんそ》されたのが後奈良天皇である。皇室の困窮は激しく、皇居の土塀《どべい》は崩れ、庶民らは三条大橋の上から内侍所《ないしどころ》（現在の皇居・賢《かしこ》所《どころ》）の燈火《とうか》が見えたという。後奈良天皇の即位式は一五三六年、践祚から十年目に戦国大名の寄進でようやく行うことができた。

一五四〇年から四五年にかけて、後奈良天皇は疫病の蔓延《まんえん》を憂慮され、御自ら「般若心経《はんにゃしんぎょう》」を書写されて、全国二十五カ所の一宮に奉納された。その写経の奥書が、「朕、民の父母と為りて徳覆うこと能わず。甚だ自ら痛む」だった。民の苦しみを救うことができない自らの非力に苦悩されてのお言葉である。

崩れた皇居の築地《ついじ》や諸門は一五四三年に織田信長の父、織田信秀が修理したものの、一五五七年、後奈良天皇は大嘗祭を挙行されないまま崩御《ほうぎょ》されている。

内閣法制局長官が「大嘗祭は国の行事としては行えない」と明言していた時期である。「皇室の私事」として内廷費で行おうにも、予算はあまりにも乏しい。後奈良天皇について言及された背景には、畏《おそ》れ多いことながら、御自身も後奈良天皇のように政府の支援を得られず大嘗祭を挙行できないかもしれないが、「国民と苦楽をともに」ひたすら写経して祈りを捧げられた後奈良天皇の御事績に倣《なら》って国民の安寧を祈り続ける御覚悟をお持ちだったのではないかと思わずにはいられない。

「憲法より皇室が先」、国民の声が押し戻した憲法解釈

昭和六十二年九月二十二日、昭和天皇は腸通過障害で手術をお受けになった。念願の沖縄御訪問が中止になり、代理で皇太子殿下（天皇陛下）が御訪問された。昭和天皇は、次のような御製を公表されている。

思はざる病となりぬ沖縄をたづねて果たさむつとめありしを

思わぬ病となったために沖縄を訪れて果たさなければならない務めができなくなってしまったという意味である。率直な御無念の思いが伝わってくる。

手術後、昭和天皇の容態は一時回復し、御公務にも戻られた。昭和六十三年の八月十五日

は、昭和天皇にとって最後の戦歿者追悼式御出席となった。

しかし九月十九日に再び御不例《ごふれい》となると、御平癒《へいゆ》を願って皇居前に大勢の人々が列をなした。九月二十二日、坂下門前に御記帳所が設置され、全国各地の自治体でも御平癒祈願と祈願記帳受付がまたたく間に広がっていった。全国集計で約一千万名が署名したという。二重橋や坂下門の前で手を合わせる人々は引きも切らなかった。九月十九日の御吐血《とけつ》からついに崩御された昭和六十四年一月七日まで、まさに全国民的な思慕と祈りに満ち満ちた百十一日間であった。

直ちに皇位を継承された陛下がまず直面されたのは、占領政策に屈し、皇室の伝統を歪《ひず》めようとする政府であった。

政府は、昭和天皇の御葬儀を行うにあたって憲法の政教分離条項がある以上、皇室の伝統を歪めることもやむなしという判断を下そうとしていたのである。

昭和六十二年の昭和天皇の手術から約二カ月後の十一月から平成七年阪神淡路大震災後の二月まで七代の内閣で官房副長官を務めた石原信雄氏は、次のように回顧している。

《先例とした戦前の「皇室喪儀令」や「国葬令」では葬場殿の儀と大喪の礼は一連の国事行為とされていました。ところが、葬場殿の前には大真榊《おおまさかき》、神道の葬儀で立てる真榊と鳥居を用意しなければならないんですね。すると法令解釈が仕事である内閣法制局から「違憲である」と注文がついたんです。戦後の新憲法下では政教分離が言われていますから、神道の宗教色が強い真榊と鳥居を置く行事は絶対にしてはならない、と》（「初公開　石原信雄メモ　『大喪と即位の礼』」『文藝春秋』二〇一二年二月号）

既に述べたように、現行憲法下でも神道形式による貞明皇后の大喪の礼を準国葬として挙行した先例があるのだ。皇太子殿下と美智子妃（当時）の神式の御結婚の儀も国事行為として行われている。だが、味村《みむら》治内閣法制局長官は一歩も引かなかったという。

貞明皇后御大喪について昭和四十四年に瓜生順良宮内庁次長が「やはり葬儀という場合には、そのなくなられた人のやはり信仰を考えて、その方式によるのが普通である。何も全然無宗教の葬儀としても、なくなった方を弔う道ではない」と答弁していたのと比べても、なんという視野の狭さ、なんという歪《いびつ》な姿勢だろうか。

内閣法制局の見解を受けて、政府は当初、葬場殿の儀に首相らが参列しない方針を示していたほどだ。この事態に民間有志が危機感を抱き、伝統に基づく「葬場殿の儀」を要望する国民運動が始まった。

平成元年一月二十一日、「伝統にもとづく皇室儀式を求める国民集会」が開催され、一月二

御結婚の儀での皇太子殿下、美智子妃

十四日には、黛《まゆずみ》敏郎・日本を守る国民会議運営委員長らが竹下首相と会見した。その結果、葬場殿の儀で当初予定されていなかった鳥居と大真榊の設置が決定されたのだ。

しかし政府側は、本来一連の国事行為である葬場殿の儀と大喪の礼を、後半の大喪の礼だけを国事行為として分断するという折衷案を出してきた。

《前半の葬場殿の儀を「皇室行事」にして、後半の大喪の礼を「国事行為」にしようと。真榊と鳥居は大喪の礼に移る一瞬で動かしてしまおうと、芝居の舞台転換のような案が生まれたんです》（同前）

「伝統にもとづく皇室儀式を求める国民集会」は二月十一日に第二弾の集会を開催し、「大喪の礼での大真榊、鳥居の撤去」という政府方針に抗議したが、残念ながら内閣法制局の壁は厚く、この要求は通らなかった。

《現実問題、鳥居は二、三メートルはある大きなものですから、簡単には動かせません。こうして議論が煮詰まっていると、内閣首席参事官だった古川貞二郎《ふるかわていじろう》君がうまい案を出してくれた。「鳥居に滑車をつければいい」と言うんです。それで当日は大喪の礼に移る際に一旦、幔《まん》幕《まく》を張って葬場殿を隠し、鳥居を動かしたんです》（同前）

大嘗祭のあり方についても、憲法の政教分離条項との関連で議論になった。「即位の礼準備委員会」を設立し、現行憲法下での皇位継承儀礼について検討を進める政府に対して、神道政治連盟など民間有志による「大嘗祭の伝統を守る国民委員会」が平成元年十一月十六日に設立された。そして約六百万名の請願署名を集めて、次の三つのことを政府に要望した。

一、即位の礼、大嘗祭が国家の儀式として斎行されること。
二、即位の礼、大嘗祭は伝統に則り厳粛に斎行されること。

三、即位の礼、大嘗祭に国民がこぞってお祝いできる道を開くこと。

政府の設立した「即位の礼準備委員会」では、平成元年十一月に憲法学者の百地章《ももちあきら》日本大学教授が意見陳述を行っている。百地教授はその中で、前述の井手成三元内閣法制局次長の議論を要約・紹介している。井手氏によれば現行憲法が第二条で「皇位」が「世襲のもの」と規定しているのは、次のような解釈に立っているからだと指摘している。

《「わが国における天皇制［が］有史以前より、連綿として一定の内容をもち、不文律的に伝承し来たった事実であり、その事実たる皇位の世襲制を率直に認め、それを眼中において、新憲法においても皇位世襲を明記したものである」》（百地章『政教分離とは何か』成文堂）

井手氏が言っているのは、新憲法が「天皇制」を作ったのではなく、新憲法より先に皇室があったということである。

皇室は、「日本国の象徴であり日本国民統合の象徴たることを本質として連綿現代に至った」（井手成三『じゅん刊世界と日本』一九七三年十月十五日号、内外ニュース）のであって、新憲法の条文は、それを護持すると確認することが国民の総意であると解すべきだということとなのだ。

《しかして「天皇家内の儀式は伝統的に神道形式で行われ来たった。そのことをふまえて憲法は、世襲と規定しているると解すべきである。当然神道形式で行われ来たった天皇即位を前提としているのであるから（略）、御大典を神道形式で執り行い、総理大臣以下が参列し、国費を支出しても、憲法第二〇条、第八九条が、これを止めるものではない」。

つまり、憲法が「皇位」の世襲を定めている以上、憲法は世襲に伴う「皇室内部の相続に関する一連の行事」として不可欠な大嘗祭をも当然容認しているとみるべきである》（百地前掲書）

かくして、政府の「即位の礼準備委員会」は平成元年十二月二十一日、「『即位の礼』の挙行について」の政府見解を発表した。それは次のようなものだった。

一、「即位の礼」は国事行為として総理府予算から支出する。

二、大嘗祭については「宗教上の儀式としての性格を有すると見られることは否定できない」としながらも、「皇位の世襲制をとる憲法下では国も深い関心を持たざるを得ない」

と、大嘗祭の公的性格を認め、宮廷費から支出する。

政府見解に基づき、平成二年四月十七日の衆議院内閣委員会で、宮尾盤《いわお》宮内庁次長は次のように答弁した。

《大嘗祭は皇室の行事ではありますけれども……皇位が世襲であることに伴います一世に一度の極めて重要な伝統的皇位継承儀式としての公的性格があるということでありまして、そういう意味からこの費用は宮廷費から支出することが相当であるというふうに考えておるわけでございます》

こうして平成二年十一月、国事行為として「即位の礼」が、また皇室行事として大嘗祭が行われた。国事行為である即位の礼の費用はもちろん国費が使われたが、大嘗祭の費用も「公的性格」を認めて宮廷費で賄われた。

天皇陛下は「(平成の十九年間を)振り返ってみて、今まで直面した最も厳しい挑戦や期待はどのようなものでしたか」という質問に対して、次のようにお答えになっている。

《振り返ると、即位の時期が最も厳しい時期であったかと思います。日本国憲法の下で行われた初めての即位にかかわる諸行事で、様々な議論が行われました。即位の礼は、皇居で各国元首を始めとする多くの賓客の参列の下に行われ、大嘗祭も皇居の東御苑で滞りなく行われました。これらの諸行事に携わった多くの人々に深く感謝しています》（平成十九年、欧州御訪問前の記者会見）

即位の礼・大嘗祭を行うことができた喜びがこの御発言から窺《うかが》われるが、それは誠に申し訳ないことながら、それだけ戦後憲法体制と、その下で変質した政府、特に内閣法制局によって「厳しい時期」を強いられてきたということでもあると言えよう。

第五章　皇室の伝統と日本国憲法

「天皇はリベラル」は本当か？

昭和六十四年一月七日の昭和天皇の崩御《ほうぎょ》に伴って、天皇陛下は神器《しんき》とともに皇位《こうい》を継承された。

《大行《たいこう》天皇の崩御は、誠に哀痛の極みでありますが、日本国憲法及び皇室典範《てんぱん》の定めるところにより、ここに、皇位を継承しました。

深い悲しみのうちにあって、身に負った大任を思い、心自ら粛然《しゅくぜん》たるを覚えます。

顧みれば、大行天皇には、御在位六十有余年、ひたすら世界の平和と国民の幸福を祈念され、激動の時代にあって、常に国民とともに幾多の苦難を乗り越えられ、今日、我が国は国民生活の安定と繁栄を実現し、平和国家として国際社会に名誉ある地位を占めるに至りました。

ここに、皇位を継承するに当たり、大行天皇の御遺徳《いとく》に深く思いをいたし、いかなるときも国民とともにあることを念願された御心《みこころ》を心としつつ、皆さんとともに日本国憲法を守り、これに従って責務を果たすことを誓い、国運の一層の進展と世界の平和、人類福祉の増進を切に希望してやみません》

これが一月九日、即位後朝見《ちょうけん》の儀《ぎ》でのお言葉全文である。

この中で、「皆さんとともに日本国憲法を守り、これに従って責務を果たすことを誓い」という部分がとりわけ注目を集めた。

「日本国憲法を守る」とおっしゃっていることを以《もっ》て天皇陛下は「護憲、リベラルの天皇」だと言う人は少なくない。

朝日新聞などがこのお言葉を引きつつ、「改憲派は天皇の御意思に背いて改憲を進めるのか」という論調の記事を書き始める一方で、それに過敏に反応した保守派の一部も「今の天皇は護憲でリベラルだ」と言い、中には「天皇は改憲の足を引っ張るような政治的発言をされては困る」と言わんばかりの論調もある。

即位後朝見の儀のお言葉の中で「日本国憲法を守り、これに従って責務を果たすことを誓」われた陛下は、その後も折に触れて、「日本国憲法を守る」ことを繰り返しおっしゃっている。平成二年十一月十二日の即位礼正殿《せいでん》の儀で宣明《せんみょう》されたお言葉はこうだ。

《さきに、日本国憲法及び皇室典範の定めるところによって皇位を継承しましたが、ここに「即位礼正殿の儀」を行い、即位を内外に宣明いたします。

このときに当たり、改めて、御父昭和天皇の六十余年にわたる御在位の間、いかなるときも、国民と苦楽を共にされた御心を心として、常に国民の幸福を願いつつ、日本国憲法を遵守《じゅんしゅ》し、日本国及び日本国民統合の象徴としてのつとめを果たすことを誓い、国民の叡智《えいち》とたゆみない努力によって、我が国が一層の発展

バイニング婦人に教わる皇太子殿下

を遂《と》げ、国際社会の友好と平和、人類の福祉と繁栄に寄与することを切に希望いたします》（以下、傍点筆者）

それからもお誕生日前の記者会見などで、何度も日本国憲法に触れられている。

《国民の幸せを念頭におき、たゆまずに天皇の道を進んでいらっしゃった昭和天皇をはじめとする、これまでの天皇に思いをいたし、日本国憲法に定められている日本国の象徴であり、日本国民統合の象徴として現代にふさわしく天皇の務めを果たしていきたいと思っています》（平成二年十二月二十日、御会見）

《日本国憲法に「天皇は日本国の象徴であり、日本国民統合の象徴である」と規定されています。この象徴の望ましい在り方を常に求めていかなければならないものと思います。

私は長い天皇の歴史を振り返り、国民の幸せを念頭に置きながら自分を顧みつつ、国や国民のために務めを果たしていきたいと思っています。

皇室全体としては和の精神をもって、お互いに助け合い、国や国民のために尽くす皇室であってほしいと願っています》（平成五年十二月二十日、御会見）

《天皇は日本国の象徴であり、日本国民統合の象徴であるという日本国憲法の規定と長い皇室の歴史を念頭に置き、国民の期待に応えて、国と国民のために尽くすことが皇室に与えられた務めであると思います》（平成七年十二月二十一日、御会見）

天皇陛下は日本国憲法下で即位された天皇である。如何《いか》に不備な憲法であれ、また制定過程が如何なるものであれ、帝国憲法がそうであったように、日本国憲法も時の内閣の全閣僚の副署と天皇の御名御璽《ぎょめいぎょじ》によって成立した。

立憲君主として、その憲法を「守らない」とおっしゃることができるはずがない。

ここで重要なのは、「日本国憲法を守る」ということとともに、何をおっしゃっているかである。

陛下が日本国憲法に触れた御発言を追っていくと、三つの重要な点があることに気づく。

「象徴」の意味を問う「政治」と皇室の戦い

第一に、日本国憲法第一条にある「日本国及び日本国民の象徴」ということをおっしゃっていることだ。

「象徴」についての御言及は、ただ字面だけを見たら日本国憲法の条文の引用で、それ以上のものではないように思えるかもしれない。「天皇陛下は護憲の天皇だ」という主張も、陛下のこうした御発言に着目したものだ。

だが、「天皇が国民統合の象徴である」という言葉で陛下が表現されているのは、日本国憲法制定時に突然新たに出てきた概念ではない。長い皇室の歴史に基づいた本来的な皇室のあり方として「象徴」という言葉を使われているのである。「今後のあるべき皇室の姿についてのお考えを」という記者の質問に対しこう答えられている。

《憲法で天皇は象徴と決められたあり方は、日本の歴史に照らしても非常にふさわしい行き方と感じています。やはり昔の天皇も国民の悲しみをともに味わうように過ごされてきたわけです。象徴のあり方はそういうものではないかと感じています》（昭和五十八年十二月二十日、五十歳のお誕生日前御会見）

《政治から離れた立場で国民の苦しみに心を寄せたという過去の天皇の話は、象徴という言葉で現すのに最もふさわしいあり方ではないかと思っています。私も日本の皇室のあり方としては、そのようなものでありたいと思っています》（昭和五十九年四月六日、御結婚二十五周年を機に）

天皇が直接、権力闘争としての「政治」に関わるのではなく、福沢諭吉の言うように「政治社外」のものとして国民の苦しみや悲しみをともにする——陛下は一貫して「象徴」の意味をこう語られている。繰り返しになるが、前章で挙げた、後奈良天皇に触れられた御発言でも同じことをおっしゃっている。

《天皇が国民の象徴であるというあり方が、理想的だと思います。天皇は政治を動かす立場にはなく、伝統的に国民と苦楽をともにするという精神的立場に立っています。このことは、疫病の流行や飢饉《ききん》に当たって、民生の安定を祈念する嵯峨《さが》天皇以来の天皇の写経の精神や、また、「朕《ちん》、民の父母と為《な》りて徳覆うこと能わず。甚だ自ら痛む」という後奈良《ごなら》天皇の写経の奥書などによっても表されていると思います》（読売新聞、昭和六十一年五月二十六日、朝刊、同新聞への文書回答）

つまり陛下は、「国家及び国民統合の象徴」という日本国憲法条文の文言に対して、皇太子時代から繰り返し、日本の歴史と皇室の伝統に基づく解釈を打ち出して来られたのである。

宮澤憲法学をのりこえる「憲法典」解釈

第二に、「日本国憲法を守る」ことを言われるときには必ず、それと同時に、「国民の幸せを念頭におき、たゆまずに天皇の道を進んでいらっしゃった昭和天皇をはじめとする、これまでの天皇に思いをいたし」、「長い天皇の歴史を振り返り」、「長い皇室の歴史を念頭に置き」というように、昭和天皇の御心や皇室の歴史に触れられていることだ。

象徴とは何かということを語られるときに必ず歴史に言及されているのと同様、日本国憲法に触れる際にも必ず歴史に言及されていることは、陛下のお言葉を理解するために見落としてはならない重要なポイントだ。

陛下は、日本国憲法の条文は踏まえるのだが、条文を解釈するための立脚点として、「長い皇室の歴史」があることを何度も示されているのである。

天皇と日本国憲法の関係について、葦《あし》津《づ》珍彦《うずひこ》氏は次のように述べている。

《日本国憲法は、象徴の機能が必要なることを考へて「天皇」なる機関を設けたのではない。天皇は議会、政府、裁判所の国家機関のように、憲法によりて生み出されたのではない。その点では「国民」と同じく、憲法に先行し、立憲の前提として現存したものである。（中略）憲法によって変化したのは天皇と国家権力との関係にすぎないのであって、天皇そのものの本質に変化があったのではない》（葦津珍彦『土民のことば』kindle版、葦津事務所）

葦津氏は、前章で引用した井手内閣法制局第一部長と基本的に同じことを述べている。日本国憲法が「天皇制」を作ったのではない。日本国憲法より先に皇室があったのだ。

憲政史家の倉山満氏がよく指摘しているように、「憲法」という言葉は本来、その国の歴史や伝統や文化に則った国柄そのものを指す。一方、日本国憲法や帝国憲法のような成文憲法の条文のことは、正確には「憲法典」という。

天皇陛下のお言葉や、葦津氏・井手氏の議論を理解するには、「憲法」と「憲法典」の違いを知ってきちんと区別することが必要だ。

「憲法典」イコール「憲法」ではない。「憲法典」である条文を解釈するためには、その国の歴史や国柄を踏まえる必要があるのだ。

歴史に立脚せず、日本国憲法という「憲法典」の条文だけがすべてであるかのように解釈したらどうなるか。

まさにそれが、宮澤憲法学以来、日本の憲法学界やメディアで起こってきたことだ。前述の井手成三氏は次のように慨嘆している。

《日本国憲法は第一章を天皇の章とし、第一条において、「天皇は、日本国の象徴であり日本国民統合の象徴であって、この地位は、主権の存する日本国民の総意に基く」と規定している。

その信奉する観念的な国民主権主義を絶対視し、天皇制を日本国の体制から出来るだけ稀薄にすることをもって進歩主義的な考えの持ち主であると考えている学者たちは、この「日本国民の総意に基く」を解釈して、天皇制は新憲法により（憲法前文に「日本国民は……ここに主権が国民に存することを宣言し、この憲法を確定する」とある）、国民の総意によって設定されたものだ、従って将来、日本国民の総意がかわれば、天皇制廃止も可能だというような飛んでもない方向へ結論づける（たとえば、前掲注解日本国憲法〔法学協会編『注解日本国憲法』上巻、有斐閣、一九五三年〕は、「天皇の地位は、主権者たる国民の意思による根拠づけによってはじめて、象徴としての存在が認容されていることを意味するものであり、そのような法的根拠を失えば、天皇の地位は変動せざるをえないのである」と解説している）。

天皇制そのものが、新憲法の制定において、にわかに発案され、制設されたなどと解することは常識外れである》（『じゅん刊世界と日本』一九七三年十月十五日号）

では、第一条を歴史に立脚して解釈するとどうなるか。井手氏はこう続けている。

《憲法第一条の「この地位は、主権の存する日本国民の総意に基づく」は、天皇が日本国の象徴であり、日本国民統合の象徴たることを**創設**する国民の総意に基づくというのではなく、天皇が日本国の象徴であり日本国民統合の象徴たることを**確認**する国民の総意に基づくということなのである。

日本国の象徴であり日本国民統合の象徴たることを本質として連綿現代に至った天皇制を確認し新憲法においても当然これを護持する。これが国民全体の厳然たる総意であるとして、この第一条の条文となったというべきである。わが国において、天皇が常に日本国の象徴的地位にあり、日本国民統合の中心であることは（時代時代により、天皇の統治作用における権能、職能には変遷はあっても）、歴史的にゆるぎのない事実である。この天皇制を古来不文法的にも相承け、相継いで来た国の体制についての国民の総意を確認して、新憲法は第一条に明文化したものである》（同前、太字強調は原文のまま）

同じ条文でも、歴史を踏まえるか、それとも過去と断絶するかでこれほど解釈が変わってくるのだ。天皇陛下が日本国憲法に言及されるとき必ず歴史に触れられていることは、極めて重大な意味を持っている。

国家国民のために尽くす皇室の伝統を体現

天皇陛下の御発言で重要な第三の点は、「国民のために尽くす」と繰り返しておっしゃっていることだ。皇太子時代には、象徴の務めとして、「国民の悲しみをともに味わう」、「国民の苦しみに心を寄せる」、「国民と苦楽をともにする」とおっしゃっていたのが、御即位後には一歩進んで、「国民のために尽くす」とおっしゃっている。

戦後の憲法学にも、メディアの論調にも、天皇は政府の助言と承認に従って行動する存在であり、それ以外のことは何もやってはいけない、天皇が自分から積極的に動くことは許されないという議論が一貫してある。

しかし、天皇陛下は、「国民のために尽くす」ことが国民統合の象徴としての務めであるというお考えを表明されている。

現行憲法下で、天皇が国民統合の象徴として積極的に国民のために尽くす義務があるのかと言えば、そんなことが条文に一言も書いてあるわけではない。天皇が御自分から積極的に動かれることにはリスクも伴う。

しかし、天皇はそのリスクを背負って「国民のために尽くす」ことが象徴としての務めであると宣言された。宮澤憲法学の言う「ロボット」ではないのだ。

また、「国民のために尽くす皇室」というお言葉によって、陛下がおっしゃっている「皇室の伝統を守る」という言葉の意味もより深くわかってくる。

陛下は、歴史と伝統を守ろうということだけをおっしゃっているのではない。皇室を守るのではなく、「国家国民のために尽くす皇室の伝統」を守ろうとされている。皇室という「伝統のある古い名家」を守ろうとしたわけではない。国家と国民のために尽くす皇室の伝統をどう守ればいいかということをお考えなのだ。

国家国民のために尽くす皇室の伝統を守る——この視点は、昭和天皇が終戦の御聖断や戦後のマッカーサーとの交渉の中で示された、「自分はどうなってもいいから国民を守らなければならない」という御心と同じものだ。この御心を承け継ぐという捨て身のお考えがなければ、「国民のために尽くすことが象徴の務めである」という宣言は出てこない。

平成三十年間の歩みの中で、陛下が実際の行動でどれほど国民のために尽くして来られたか、どれほど戦って来られたかは、今となっては誰の目にも明らかなことだ。

しかし、平成の御代の最初の頃は、多くの人がわかっていなかった。

戦前、昭和との「断絶」を挑発するメディア

そもそも現行憲法下で皇位を継承するとはどういうことなのか。それがどれほど大変であったのか。

天皇陛下のお立場について、三島由紀夫論や小林秀雄論で知られる評論家の村松剛《たけし》氏は、「大嘗祭《だいじょうさい》と日本文化」というシンポジウム（日本を守る国民会議主催、平成元年四月二十九日）で、次のように語っている。

《歴史上、なるほど天皇は日本では権力に直接携わることがなかった時期の方が多くございます。……天皇は権威であられた。その意味では、権力の上の空白でした。空白に近い存在であった。巨大なる空虚であった。こういう言い方が可能であるかも知れません。

しかし、こういう場合には天皇は一人で御所の中におられたのではないのであって、公家集団が回りにいたのです。……明治維新で公家は全部廃止になりますが、その代わりに華族制度が作られました。この制度がうまく機能したかどうかは別として、とにかくそれから後は元首であられました。ところが今は、かつて天皇の回りにいた公家もだれもいない状態で、天皇が

お一人で無限に空白に近い存在としてそこにいらっしゃってください、ということになっているのですから、今上陛下は随分つらいお立場だろうと私は思うのです。国民の側には、先帝陛下に対しては元首であられた時代とその前の摂政殿下とあられた時代と併せて二十五年もありますから、象徴と言ってもやはり昔の陛下のイメージが強くありました。今上陛下は初めて、巨大なる空白の中に出発されたのです》（村松剛「側近なき象徴天皇の孤独」『祖国と青年』平成元年十月号）

現行憲法下初めての皇位継承は、このような「巨大なる空白」の中で行われたわけである。しかも当時、皇室を巡るメディアの報道では、特に二つのことが強調されていた。

一つは、昭和天皇の戦争責任論である。

昭和六十三年（一九八八年）十二月七日、本島等《ひとし》長崎市長（当時）が「昭和天皇にも戦争責任はあると思う」と市議会で発言したことが議論を呼び、銃撃テロ事件が起きるなど、昭和天皇の戦争責任論が改めてクローズアップされた。

第二は、「開かれた皇室」ということだ。

メディアは戦前の伝統を背負った昭和天皇と天皇陛下との違いをことさらに強調し、平成の皇室は戦前とも戦後の昭和とも違って「開かれた皇室」であるべきだとことあるごとに求めた。一言でいえば、「開かれた皇室」とは、「昭和天皇の御代とは違う皇室になるべきだ」ということだ。

メディアは昭和天皇の戦争責任論を論《あげつら》いつつ、意図的に「昭和との断絶」を求めたのだ。

皇太子殿下の時代から陛下は、時として挑発的なメディアの取材に対して、冷静に淡々と事実を上げて答えられている。

《**記者**　イギリス王室は、日本の皇室と比べて一般的に開放的だといわれております。今回のチャールズ皇太子の結婚式の模様もテレビ報道を通じて世界中に一部始終公開されましたが、イギリスの王室とこちらの皇室との違いをどう感じられるのかお聞かせ下さい。

皇太子　このお式のテレビ中継ですけれども、こちらの式の時も、やはり同じようにテレビの放映があったわけです。賢所《かしこどころ》の中は、中というか内陣の中ですけれども、これはありませんでした。これはない方がいいと私も思っていますが、それ以外のところはみな放映されていたわけです。また、そのあとの祝宴もテレビの撮影があったわけです。

今度の場合は、式は放映されていますけれども、（結婚の）サインをされるところは放映されていない。前後にあったバッキンガム宮殿での晩餐《ばんさん》、午餐、みな一つも写真がありません》

（昭和五十六年八月七日、夏の定例会見）

イギリス王室のように儀式をテレビ報道ですべて公開すべきと詰め寄るマスコミに対して、陛下はイギリス王室もすべて公開しているわけではないと反論されている。

《**記者**　（終戦）当時、皇室の地位について各方面から議論が出ていましたが、どう受け止められましたか。

皇太子　どうも、その時にどういうふうにそれを考えたか、あんまり記憶がないんですけれどね。

記者　殿下は折りにふれ、国民に親しまれ、国民とともに歩む皇室について述べておられますが、国民に親しまれる皇室にするため、殿下は何をどうすべきだとお考えですか。

皇太子　国民に親しまれる皇室ということは私はいった記憶がないんですけれども。ただ国民とともに歩む皇室でなければならないと。これは昔から、かなり古い時代は国民と接触があったわけではないですけれど、やはり国民の苦労はともに味わうということを昔の天皇はしていらしたわけです》（昭和五十七年十二月十七日、四十九歳のお誕生日前の会見）

また、戦前と戦後の憲法体制を、「統治権の総覧者」対「象徴」、「天皇主権」対「国民主権」

のように単純に図式化して対比するのではなく、史実に即してそれぞれの実態をリアルに分析されている。

昭和六十二年九月二十八日、米国報道機関の東京特派員団への文書回答の中で、陛下は新旧の憲法について次のように語られた。

《**記者**　日本人の天皇観、天皇の占める位置についての考えに変化があったとお考えか。またそのことが父親としての陛下と天皇としての陛下を比較されるときにどう影響するのでしょうか。

皇太子　憲法の違いゆえに、明治憲法下の戦前・戦中と、現在の憲法下の戦後日本では、天皇観に明確な相違があります。昔の日本では、人々は天皇に対し多様な見方を持っていました。しかし、１９３０年代から終戦までの間は、国民は一つの天皇観しか持つことができませんでした。したがって、戦時と戦後の天皇観における違いは憲法の条文の違い以上に明白でした》

憲法観が現在と異なるのは明治時代からずっとではない。右翼全体主義が台頭した一九三〇年代から終戦までだと、極めて正確に指摘されている。また、「戦時と戦後の天皇観における違いは条文の違い以上に明白」ともおっしゃっている。
これらのお言葉の意味は、昭和六十二年十二月十六日のお誕生日前会見のやり取りによってさらに明らかになる。少し長くなるが引用しよう。

《**記者**　今年の訪米前、アメリカの特派員の質問にお答えになっていますが（江崎注　昭和六十二年九月二十八日、米国報道機関の東京特派員団への文書回答を指す）、天皇の地位について日ごろのお考えを改めてお聞かせください。あわせて殿下がこうあるべきだと考えている天皇像をお聞かせ下さい。

皇太子　日本国憲法で、天皇は象徴であり、国民統合の象徴と決められているわけですが、これは多くの国民の支持を得ていると思います。また天皇の伝統的な姿にも一致しているのではないかと思っています。

やはり、この国の象徴、国民の統合の象徴である、ということがどうあるべきかということを常に求めていくことにあるのではないかと思います。

記者　21世紀の天皇像についてのお考えは。

皇太子　今お話ししたことに尽きると思います。常に求めていく、ということです。

記者　伝統的な姿というのはどういうことですか。

皇太子　長い日本の歴史の中で、一番長くあった状態であるということがいえると思います。

記者　政治権力を持たず、権力者を任命する立場であった期間が長いのですが、そういう意味ですか。

皇太子　そうです。そういう意味です。

記者　そういう意味から、日本国憲法の天皇のあり方にも合致するということですか。

皇太子　そう思います。

記者　すると、明治憲法下での天皇像とはやや異質ということになるんでしょうか。

皇太子　あの憲法をどのように解釈するかによってくると思います。

記者　統治権の総攬《そうらん》ということで、形の上で違うとはいえる……。

皇太子　ということもいえるし、一方で明治天皇が政治的な発言をしたことはあまりないんじゃないかと思います。たとえば（大日本帝国）憲法の制定の審議の時もとくに発言していることはないようですね。そういう意味で明治天皇のあり方も、政治とは離れた面が強かったとはいえると思いますけれど……。

ベルツの日記にも「日本の行き方がいい」ということが書いてありますね、ドイツと比較して……》

記者の質問には、帝国憲法時代の天皇像と戦後の憲法下の天皇像の違いを際立たせようとする意図が感じられるが、陛下は、あくまで帝国憲法の時代と現代も含めた皇室の歴史の中で長く続いてきた「政治とは離れた皇室のあり方の伝統」を強調され、戦前・戦後の断絶をやんわりと否定されている。

《**記者**　憲法の規定そのものについてはどうですか。

皇太子　ですからやはり、憲法をどう解釈するかということになってくると思います。明治の時代からだんだんに憲法の解釈の違いが出てきていることはあるのではないでしょうか。

（中略）

記者　訪米前の会見で、１９３０年代から敗戦までは、それ以前、それ以後と比べて天皇のあり方がまったく違うということをおっしゃったようですが、それはどういう意味ですか。

皇太子　天皇機関説とかああいうものでいろんな議論はあるわけですが、一つの解釈に決めてしまったわけですね。そのことをいってるわけです。

だから、大日本帝国憲法のいろんな解釈ができた時代から、できなくなってしまった時代ということですね。その時にある一つの型にだけ決まってしまった。

美濃部《みのべ》博士は戦後もたしか、大日本帝国憲法のままでもやっていけると述べているわけですね。

記者　天皇制への考えがバラエティーに富んでいることがいいということですか。

皇太子　そういうことよりも、やはり言論の自由が大事だということです。

記者　国民の側が天皇をいろいろに解釈できるような言論の自由ということですか。

皇太子　そういうことばかりでなく、全般的にあらゆるものについて言論の自由は大事だということです》

「天皇機関説とかああいうものでいろんな議論はある」「大日本帝国憲法のいろんな解釈ができた時代から、できなくなってしまった時代」「美濃部博士は戦後もたしか、大日本帝国憲法のままでもやっていけると述べている」というお言葉、そして、「全般的にあらゆるものについて言論の自由は大事だ」というお言葉は、明治天皇の五箇条の御誓文にある、「広く会議を興し、万機公論に決すべし」「上下心を一にして、盛に経綸を行うべし」を踏まえてのものと見受けられる。もちろん、昭和天皇が昭和二十一年一月一日に発せられた「新日本建設の詔」も踏まえられたものだろう。

また、憲法問題を考える上で、憲法の解釈を重視しておられることも明らかだ。

昭和天皇の「戦争責任」問題を引き受けた天皇陛下

天皇陛下の毅然《きぜん》とした御対応とは対照的に、昭和五十年代から政府は、中国・韓国や国内のサヨク団体に迎合し、戦前・戦後の断絶を積極的に容認するばかりか、戦前までの日本の政治的伝統を否定していくようになっていく。

具体的には、昭和五十七年に第一次教科書事件が起き、中国や韓国の要望を受けて歴史教科書に「侵略」や「加害の歴史」を追加するようになり、昭和六十年代に入ると中曽根《なかそね》総理の靖《やす》国《くに》神社「公式参拝」から一転しての参拝自粛、第二次教科書事件、歴史認識問題に関する発言による閣僚更迭、政府後援による建国記念の日式典からの神武《じんむ》天皇や「天皇陛下万歳」の排除が続く。

ある意味、昭和天皇の戦争責任を容認するかのような政府・自民党の迷走の中で、昭和天皇が崩御《ほうぎょ》された昭和六十四年一月七日から一年間の諒闇《りょうあん》（服喪）の間に、天皇陛下は次のような御製をお詠みになった。

殯宮伺候

ありし日のみ顔まぶたに浮かべつつ暗きあらきの宮にはべりぬ
父君をあらきの宮に思ひつつ日はたちゆきて梅は咲き満つ

一年祭近付きて
父君をしのび務むる日々たちてはや一年《ひととせ》の暮れ近付きぬ

陛下はこのように昭和天皇を深く追慕《ついぼ》される御心《みこころ》を示され続けたのだった。

平成元年八月四日、天皇皇后両陛下の平成初めての記者会見で、記者会は昭和天皇の戦争責任について執拗《しつよう》に問い質していている。

《**記者**　昭和天皇が亡くなられて以降、戦争責任の問題が国の内外で改めて論議されました。天皇と戦争責任、それをめぐる現在の論議について、どの様にお考えでしょうか。陛下の戦争と平和に対するお考えをお聞かせください。

陛下　昭和天皇は、平和というものを大切に考えていらっしゃり、また、憲法に従って行動するということを守ることをお努めになり、大変ご苦労が多かったと深くお察ししています。先の戦争では、内外多数の人々が亡くなり、また、苦しみを受けたことを思うと、誠に心が痛みます。日本は、新しい憲法の下平和国家としての道を歩み続けていますが、世界全体で一日も早く平和が訪れるよう切に願っています。

記者　今の質問に関連して陛下にお伺いします。先頃中国の李鵬《りほう》首相が来日しましたが、このときの会見で陛下は日中戦争をめぐり中国に、遺憾の意を表明されたと伝えられました。どのようなお気持ちでそうおっしゃったのか、お聞かせ下さい。

陛下　その問題については、公表しないことになっております。

記者　さきほどの昭和天皇の戦争責任の質問で昭和天皇は、平和を大切にし、考えておるとおっしゃいましたが、これは陛下として、昭和天皇には戦争に関する責任はなかったとお考えだというふうに、とらえてよろしいでしょうか。

陛下　私の立場では、そういうことはお答えする立場にないと思っております》

昭和天皇の戦争責任論について、それを否定するにしろ、あるいは肯定するにしろ、何らかの言質を新天皇から取ろうと食い下がる記者会に対して、天皇陛下は、昭和天皇が「ご苦労が多かった」という追慕の心だけを示された。

陛下はこうしたお言葉で、戦争責任論も含めて昭和天皇が背負って来られたものを、御自身から切り離すことなく、一切引き受けられたのである。ジャーナリストの打越和子氏は次のように述べている。

《記者会は、なんとかして新天皇から「あの戦争は間違っていた」といったニュアンスの言葉を引き出そうと必死の様子であった。昭和天皇の戦争責任の有無についても、「責任があった」というお言葉を勿論《もちろん》期待しているのだが、反対に「責任はなかった」とはっきり言われたなら、それはそれで大きな問題にできる――そのような野卑な心情をもって構えていたのである。

しかし、陛下はこの記者会の期待を見事に躱《かわ》された。慎重に言葉をお選びになって、問題にされるようなお言葉は一言もおっしゃらなかった。「その問題については、公表しないことになっております」「私の立場では、そういうことはお答えする立場にないと思っております」という答えは、答えとしてまことに素っ気なく、質問者を満足させるものではない。このような解答をするのは実は相当勇気のいることである。「記者を喜ばせてやろう」「自分にはちゃんとした意見があることを示さなければ」というような安易な心が働いて、余計なことを言ってしまうのが私たち凡人である。しかし、陛下の御心はそのような小賢しい配慮からは遥か遠いところにあり、無言をもって歴史の断絶を回避せられた》（『祖国と青年』平成十一年七月号）

昭和天皇の戦争責任論が再燃しても政府がまったく頼りにならない中で、「昭和天皇の御心を承け継ぐ」と宣言することは、戦争責任という問題を承け継ぐことにもなる。引き受けるのと、切り離すのと、どちらが楽かと言えば、もちろん切り離す方が楽なのだ。ドイツのワイツゼッカー大統領のように「時代が変わったのだから、私には戦争責任は関係ありません」というやり方もあり得た。

だが、天皇陛下は安易な道を選ばれなかった。

世界中から百六十四カ国、三十の国際機関の代表者が集った昭和天皇の御大喪《たいそう》「葬場殿の儀」において、陛下は切々と心をこめて、昭和天皇のための御誄《おんるい》を読み上げられた。

《明仁《あきひと》謹んで御父昭和天皇の御霊《みたま》に申し上げます。

崩御あそばされてより、哀痛は尽きることなく、温容はまのあたりに存《あ》ってひとときも忘れることができません。槻殿《しんでん》に、また殯宮《ひんきゅう》におまつり申し上げ、霊前にぬかずいて涙することと四十余日、無常の時は流れて、はや斂葬《れんそう》の日を迎え、轜車《じしゃ》にしたがって、今ここにまいりました。

顧みれば、さきに御病あつくなられるや、御平癒《へいゆ》を祈るあまたの人々の真心が国の内外から寄せられました。今また葬儀にあたり、国内各界の代表はもとより、世界各国、国際機関を代表する人々が集い、おわかれのかなしみを共にいたしております。

皇位に存られること六十有余年、ひたすら国民の幸福と世界の平和を祈念され、未曽有の昭和激動の時代を、国民と苦楽を共にしつつ歩まれた御姿は、永く人々の胸に生き続けることと存じます。

こよなく慈しまれた山川《さんせん》に、草木《そうもく》に、春の色はようやくかえろうとするこのとき、空しく幽明を隔てて、今を思い、昔をしのび、追慕の情はいよいよ切なるものがあります。誠にかなしみの極みであります》（傍点筆者）

陛下が昭和天皇の戦争責任について、あるともないともお答えにならなかったことを「逃げた」と評した論者もいた。

しかし陛下はお逃げになったのではない。断絶を回避されたのである。昭和から平成への御代替りは断絶ではなく、継承であったのだ。

宮中祭祀を復活させた陛下の「御決意」

しかも天皇陛下は、皇位を継承された時点で、昭和五十年から始まった宮中祭祀の形骸化《けいがいか》を阻止し、皇室の伝統を再び復活させようとされたのだ。

昭和六十四年一月七日の昭和天皇の崩御に伴って神器とともに皇位を承け継がれた天皇陛下は、明治の御代に整備された皇室祭祀を厳修し、昭和四十四年に「テラスからモーニングコートで拝礼」に簡素化された四方拝《しほうはい》を、伝統に則って神嘉殿南庭《しんかでんなんてい》に戻し、五月十月の年二回に減らされていた旬祭《しゅんさい》（毎月一日、十一日、二十一日に掌典長《しょうてんちょう》が祭典を行い、一日には天皇が御親拝《しんぱい》する）も毎月の御親拝を復活された。

平成二年、皇后陛下は次のような御歌を詠まれている。

神まつる昔の手ぶり守らむと旬祭にたたす君をかしこむ

これは、明治天皇の次の御製を踏まえたものだと拝察される。

わが国は神のすゑなり神祭る昔の手ぶり忘るなよゆめ

ＧＨＱによって皇室祭祀令は廃止されたが、天皇陛下は、明治天皇のこの呼びかけに応えて国家・国民のための祈りを今もなされています——このようなメッセージを、皇后陛下はわれわれ国民にお示しになっているように思われる。

宮中祭祀について、陛下御自身も平成二十一年四月、御成婚五十年の記者会見で次のようにお述べになった。

《（皇室の伝統について）私は昭和天皇から伝わってきたものはほとんど受け継ぎ、これを守ってきました。この中には新嘗祭《にいなめさい》のように古くから伝えられてきた伝統的な祭祀もありますし、田植えのように昭和天皇から始められた行事もあります。新嘗祭のように古い伝統のあるものはそのままの形で残していくことが大切だと考えます》

内閣法制局が現行憲法の政教分離条項に基づいて宮中祭祀を形骸化しようとしてきたとしても、われわれは断固として皇室の伝統を守り抜くのだという固い御決意がそこには伺われる。

長年、皇室記者を務めた久能《くのう》靖氏もこう述べている。

《天皇は歴代の天皇の中ではもっとも熱心だといわれるほど宮中祭祀を大切にしてこられ、即位されるとすぐに全皇族を集めて専門家から宮中祭祀についての講義を受けさせているほどである》（久能靖『天皇の祈りと宮中祭祀』勉誠出版）

元宮内庁掌典の鎌田純一氏によれば、占領軍によって廃止された紀元節祭も、陛下は昭和天皇の御心を受け継いで大切に守られている。

《――天皇陛下は二月十一日の日はどのようにお過ごしでしょうか。

鎌田　思し召しによる宮中三殿への臨時御拝があります。戦後ＧＨＱの圧力で紀元節祭は廃止されてしまい、紀元節祭という名称は使っていませんが、先帝（昭和天皇）は戦前の紀元節祭を受け継がれ、二月十一日には臨時御拝のお祭りを欠かさずなさいました。そして今の陛下もそれを受け継がれ、そのまま行っておられます。またその日は（神武天皇をお祀りする）橿《かし》原《はら》神宮に勅使《ちょくし》を遣わしておられます》（『日本の息吹』平成八年二月号）

しかも陛下は、皇室の伝統を正確に受け継ぐために、祭儀においてどのように行動するのか、その意味はどういうことなのか、徹底的に研究し練習されているという。前述の鎌田純一氏はこう証言している。

《外国ご訪問のとき、天皇皇后両陛下、皇太子同妃両殿下の場合はご出発とご帰国のとき、必ず宮中三殿でお祭りがあり、伊勢《いせ》の神宮、神武《じんむ》天皇陵、昭和天皇陵に御直拝あるいは御代拝なされます。他の皇族方の場合は賢所に御拝されてから行かれ、またご帰国のあとすぐに御拝なさいます。そのことは極めて厳重です。

その厳重さはお祭りにおける御所作やご研究の態度にも現れています。私自身が実際にお仕えさせて頂いて、陛下は日本のどの神主よりも御所作が厳格ですし、そのお祭りの意義或いは沿革について詳しく研究された上でお臨みであると拝見させて頂きました。ご即位後、伊勢の神宮に行かれたときにも、御所作について念を押され、ご下問になる。その厳格さに私は思わず感嘆し、きっと天照大御神様はおよろこびでいらっしゃるなあと感じました》（同前、傍点筆者）

昭和四十年代から政府が変質していく中で、初めて日本国憲法下で皇位を継承した天皇陛下は、次のようなことをなされたのだ。

皇室の歴史と伝統に基づく「象徴」の解釈を打ち出された。

日本国憲法を排撃するのではなく、憲法と憲法典の違いを踏まえつつ歴史に立脚した解釈を貫くことによって八月革命説や天皇ロボット説を乗り越えられた。

リスクを厭《いと》わず、国家国民のために尽くすことを象徴の使命と宣言され、その通りに行動された。

昭和と平成の断絶を回避し、昭和天皇の御心を承け継がれた。

昭和の時代に形骸化が始まった宮中祭祀の伝統を復活しようとされた。

——これが、御即位に際して天皇陛下がなされたことなのだ。すさまじい思想力である。

もし、陛下の戦いがなければどうなっていただろうか。歴史や皇室の伝統に一切触れないまま、単に「日本国憲法を守る」とだけおっしゃっていたら、あるいは、日本国憲法あっての皇室というようなことを一言でもおっしゃっていたらどうなっていただろうか。

「昭和天皇の戦争責任は私には関係ない」とか、あるいは「やはり昭和天皇には戦争責任があった」とおっしゃっていたらどうなっていただろうか。

今でこそ、いわゆる東京裁判史観について様々な見直しの議論が出てきているが、もし陛下の戦いがなければ、こうした議論は「現に天皇陛下が東京裁判を認めていらっしゃるではないか」と言われて終わりである。

もし陛下が昭和天皇との断絶をお言葉の中でお認めになっていたら、昭和二十年八月十五日に革命が起こった、終戦を以て国体は断絶したのだという、宮澤俊義の「八月革命説」が追認されることになっただろう。そうなれば、戦後の皇室はもはや戦前の伝統に倣《なら》う必要はないという結論になりかねなかった。今回、御譲位《じょうい》に際して二百年前の光格《こうかく》天皇までさかのぼった議論ができたことは、陛下が戦い続けてくださったおかげなのである。

問題は、天皇陛下のこうした思想的な戦いを、特に宮澤憲法学や内閣法制局との戦いを、国民の側、特に政府要路の側がほとんど理解できていないように見えることだ。はたしてそれでいいのだろうか。

第三部　日本分裂を防いだ皇室の伝統

第六章　平成の御巡幸

「象徴というお姿がはっきり見えてきた」

本章からは、平成の三十年間をどう見たらいいのか、天皇皇后両陛下の御発言などを踏まえながら、考えていきたい。

絵本・児童書の編集・出版に長年携わってきた末森千枝子《ちえこ》氏は平成二十年にこう語っている。

《いま私が最も感慨深く思うのは、もちろん皇太子、皇太子妃時代からずっと続けてこられた長い道のりの結果としてでもありますが、象徴ということがはっきり見えてきたということです。私たちは戦後ずっと、天皇陛下を日本国の象徴と聞かされてきました。けれど、それは子ども心にも、説得力に欠けた、実感のない言葉のように思われて仕方がありませんでした。
しかし、平成二十年のいま、象徴という全く抽象的だと思ってきたその言葉が、はっきりと実体になり、その言葉でしか表現できない存在として、両陛下がいらっしゃると思うようになりました》（「『子どもの本』へのエール」『諸君！』二〇〇八年七月号）

陛下は平成五年八月にベルギー国王ボードワン一世の葬儀に参列され、その一カ月後に再びベルギーを公式訪問されて、次のようなお言葉を述べられた。

《故ボードワン国王陛下には、異なる文化を持つ人々が協力しながら調和のとれた社会を築き上げようとする貴国国民の努力を支えるよう常に努めていらっしゃいました。私は故国王陛下の御葬儀に参列し、多数の国民の故国王陛下への敬愛の気持の中に、貴国国民のこの願いがこめられていることを強く感じました。

アルベール二世国王陛下は、先日の即位に当たって、貴国国民に協調、善意、寛容及び連邦市民としての精神をもって、新しい連邦国家を築くことを求め、個人的及び集団的利己主義の脅威に対抗するための解決策は、連帯以外になく、この連帯をすべての面で実行しようというお言葉を、国会でお述べになったと聞いております。これは、我が国を含め、平和と繁栄を願うすべての国、すべての者が耳を傾けるべき重要なことです》（傍点筆者）

ベルギーは建国以来、オランダ語圏とフランス語圏の対立が続いて来た国だ。ジャーナリストの広岡裕児氏は、こう語り、憲法で王権を極端に制限されながらも、国家の分裂を懸命に防ごうとされた日本とベルギー両国の君主のあり方の共通性を指摘している。

《ベルギーは、いまから百七十年ほど前に独立したが、当時の英仏のもくろみもあって王権は憲法で極端に制限され、わざわざ影響力のない外国人を王にした。その後、さまざまな紆余《うよ》曲折を経て、いまでは「国王がいなければオランダ語圏とフランス語圏の対立でベルギーはとっくに分裂している」といわれるまでになっている》（「平成皇室は世界の最先端」『諸君！』二〇〇八年七月号）

ボードワン一世の葬儀は両陛下にとって初めての外国の国家元首の葬儀への参列であり、きわめて異例のことであった。広岡氏は、陛下の強い御意志があったからこそ実現できたことだろうと述べている。

では、どうやって国家の分裂を防ぎ、国民の連帯を確立しようとされたのか。皇后陛下は次のように語られている。

《この十年間、陛下は常に御自身のお立場の象徴性に留意をなさりつつ、その上で、人々の喜びや悲しみを少しでも身近で分け持とうと、お心を砕いていらっしゃいました。社会に生きる人々には、それぞれの立場に応じて役割が求められており、皇室の私どもには、行政に求められるものに比べ、より精神的な支援としての献身が求められているように感じます》（平成十一年十一月、御即位十年に際しての記者会見）

党利党略にふりまわされる「政治」とは異なり、より精神的な立場から国家の分裂を防いで来られた陛下のお働きは多岐にわたり、いずれも並々ならぬものだ。そのひとつが地方御巡《ごじゅん》幸《こう》である。

受け継がれた志

陛下が皇后陛下とともに、被災地や戦跡をはじめとして全国各地を御巡幸され、行く先々で地元の人々にきめ細やかにお言葉をおかけになる姿は、平成三十年間の間に、私たち国民の目にすっかり親しいものになった。

全都道府県をくまなく訪問して各地の実情を見ることや、災害が起こったときに、苦しみ悲しむ人々を訪れて話を聞き、励ますことを、陛下は象徴の大切な務めとして渾身《こんしん》の御努力で続けて来られた。

平成の三十年が過ぎた今、国民皆が陛下の御献身ぶりを知っている。

陛下は平成十五年までに全国の四十七都道府県のすべてを御巡幸された。

その後も御巡幸は続き、平成三十年間で全都道府県それぞれを二回以上御訪問されている。平成三十年八月までの時点で、各都道府県御訪問回数は総計で五百回を超える（竹内正浩『旅する天皇』小学館）。

もしかすると私たちは、今となっては、陛下が全国を回ってくださることを、むしろ当たり前のことのように思ってしまっているのかもしれない。

だが、天皇の地方行幸《ぎょうこう》は皇室の歴史の中で当たり前だったわけではない。「巡幸」という言葉は古くは日本書紀に出てくるが、第二章でも述べたように、天皇が自ら全国を回って国民の状況を深く知ろうとされる地方巡幸は、皇室百二十五代の歴史の中で明治天皇が開かれた「新儀」、つまり、「新しい先例」なのである。

明治天皇は、次のような御製をお詠みになっている。

わがこころおよばむ国のはてまでもよるひる神はまもりますらむ

「天下億兆、一人も其処《そのところ》を得ざる時は、皆朕《ちん》が罪なれば」という思いで国民の一人一人に心を及ばせようと願っているけれども、どうしても及ばないところもあろう。だが、日本の神々はもれなく一人一人を守ってくださっている。だから私はその神々に、日本のすみずみまで、国民を一人残らずお守りくださるように祈る、という歌である。

この御製は御巡幸を詠んだものではないが、日本国中、国民一人一人を常に心にかけるという意味で明治天皇が御巡幸に込めたお志だと言っても間違いないだろう。

昭和天皇も明治天皇の御巡幸の志を受け継ぎ、敗戦と占領に痛めつけられた国内各地を御巡幸され、国民を励まされたことは第二章で述べた通りだ。

天皇陛下の御巡幸も、明治天皇・昭和天皇のお気持ちを受け継がれている。そして、全都道府県をもれなく御巡幸されたのは歴代天皇で初めてのことである。

昭和天皇の地方御巡幸は、昭和二十年代の全国御巡幸のあとは、全国植樹祭と国民体育大会秋期大会御臨席のための年二回のお出ましを慣例とされていた。天皇陛下はこの二つに加えて、全国豊かな海づくり大会への御臨席を加えられ、さらに、「隣県御訪問」や「地方事情御視察」という新しい行幸啓の仕組みを始められた。

「隣県御訪問」とは、植樹祭、国民体育大会、海づくり大会の開催県御訪問の際、隣県一県にお立ち寄りになるというもので、平成三年から続けられている。さらに平成四年からは、地方事情の御視察だけを目的とした行幸啓を始められた。

地方への行幸啓について、平成九年、皇后陛下は次のようにおっしゃっている。

《地方旅行も、陛下が、天皇としてのお立場で、出来るだけ早い機会に各都道府県を一巡なさるお気持ちをお持ちになっており、主だった島々への訪問も、すでにかなりを訪ねているとは申せ、五島列島を始め、未訪問の島々を残しています》（お誕生日の記者会見）

国家・国民に尽くすとは、すべての都道府県の国民の実情を自分の目で知ること――そのようなお考えの下、全国をくまなく巡る平成の御巡幸を続けて来られたのである。それは、昭和天皇の志を受け継いで戦後復興を見届ける旅でもあった。平成十五年十一月十七日、鹿児島県御訪問の際に、陛下は次のようなお言葉を述べられている。

《今回の訪問で、即位後四十七都道府県の全てを訪れたことになりました。各地を訪れ、戦争の痛手から立ち上がり、今日を築いてきた日本の人々の努力に深い感慨を覚え、非常に心強く感じています。現在もまたこれからも多くの困難を乗り越えなければならないと思いますが……》

平成十五年の歌会始《うたかいはじめ》では、「町」と題して次の御製を詠《よ》まれた。

　　我が国の旅重ねきて思ふかな年経る毎に町はととのふ

全国各地の町や村が戦争の痛手からどれだけ立ち直ったかを、実際に足を運ばれ、御自分の目で確かめられた感慨を詠われている。

国家と国民統合の象徴として、なぜ全国津々浦々への御訪問が大切なのか。陛下御自身が、平成二十八年八月八日のビデオメッセージ「象徴としてのお務めについての天皇陛下のおことば」の中で端的に語られている。

《私が天皇の位についてから、ほぼ二十八年、この間私は、我が国における多くの喜びの時、また悲しみの時を、人々と共に過ごして来ました。私はこれまで天皇の務めとして、何よりもまず国民の安寧と幸せを祈ることを大切に考えて来ましたが、同時に事にあたっては、時として人々の傍らに立ち、その声に耳を傾け、思いに寄り添うことも大切なことと考えて来ました。天皇が象徴であると共に、国民統合の象徴としての役割を果たすためには、天皇が国民に、天皇という象徴の立場への理解を求めると共に、天皇もまた、自らのありように深く心し、国民に対する理解を深め、常に国民と共にある自覚を自らの内に育てる必要を感じて来ました。こうした意味において、日本の各地、とりわけ遠隔の地や島々への旅も、私は天皇の象徴的行為として、大切なものと感じて来ました》

皇后陛下の「島々への訪問」、天皇陛下の「とりわけ遠隔の地や島々への旅」という言葉が示すように、陛下は、北は利尻島《りしりとう》から南は与那国島《よなぐにじま》まで、離島訪問にも特に尽力されてきた。陛下が訪問された島は皇太子時代を含めると五十五に及び、島と言いながらも実際には本土と陸続きのものや橋でつながっているものを除いても、平成二十九年までの間に二十に達するという（竹内前掲書）。

平成二十五年から、御用邸などでの御静養とは別に、両陛下の「私的旅行」が始まった。宮内庁としては公務軽減策の一つとして、ゆっくりお二人で季節や風景をお楽しみいただきたいという趣旨だったそうだが、実際には両陛下は、災害や公害や戦争に関わる土地を「私的旅行」の目的地として選ばれていることが多い。あくまで「天皇に私なし」なのだ。

平成二十五年には福島第一原子力発電所の事故で避難生活を余儀なくされていた飯舘《いいだて》村など、平成二十六年には足尾銅山鉱毒問題の関連施設、平成二十七年には福島県を再び訪れ、以前大雨災害で訪問を断念した桑折町のモモ生産農家や、飯舘村などからの避難者が住む福島市の復興公営住宅を御訪問された。平成二十八年には満蒙《まんもう》開拓平和祈念館を御訪問、元開拓団員三人とお話をされている（竹内前掲書）。

御巡幸が呼び覚ます「地方の力」

天皇皇后両陛下が全国を回られることで、訪問される地域では何が起こるか――これを知ることで、なぜ陛下が全国御巡幸を「天皇の象徴的行為として、大切なもの」とお考えなのかがより深く理解できる。

陛下がお見えになると御訪問先の道路が整えられ、掃除も行き届いてきれいになるので、一昔前のメディアは「天皇は箒《ほうき》である」と揶揄《やゆ》したものだった。だが、もちろん御訪問の「効果」はそのような次元にとどまるものではない。

陛下を迎えることで、その地域は、陛下に誰と会っていただくか、何を御覧になってもらうかを考えなくてはならなくなる。そのことを通じて、「自分たちは何者なのか」を認識することになる。御巡幸を契機《けいき》に、自らが住む地域のアイデンティティの再確認がなされるというのが、実はとても重要なことなのである。

陛下が県庁などで御休憩されるとき、お茶と一緒にどんなお菓子を出すかということ一つをとってもそうなのだ。郷土に古くから伝わる銘菓を出すのか。それとも、今、我が町で評判になっている菓子を選ぶべきか。一つ一つ考えることで、自分たちがどういう素晴らしいものを持っているのかを確認する機会になる。自分たちが何者なのかを再認識することが、自分たちが持っているものをさらに活かして地域を発展させていこうという原動力につながる。

御巡幸には、その地域の力を呼び覚ます、すさまじいほどの効果があるのだ。

たとえば、昭和天皇の昭和二十四年、福岡御巡幸ではこんなことがあった。

昭和天皇が行橋（当時福岡県京都郡《みやこ》）を訪問されたとき、京都郡の人々が陛下にお見せしたのは牛だった。北九州なら八幡《やはた》製鉄所、大牟田なら炭鉱と、それぞれ地域の特色をお見せしようとする中で、自分たちは何を陛下にお見せするべきかを議論した結果、自分たちのところには立派な乳牛がいるから、畜産を通じて郷土を発展させていくべきだ、だから陛下に自分たちが品種改良した乳牛を御覧になっていただこう、と京都郡の人々は決めたわけである。

昭和天皇は数百頭の乳牛を御覧になり、前列の六十余頭の牛の頭を一々手で撫《な》でられ、「皆さん一緒にしっかりやってください」と励まされた。昭和天皇の激励に力を得た京都酪農組合は、それから三年間、牛乳一合につき五十銭ずつ積み立てて酪農会館を作った。酪農会館建設を機に京都酪農組合は飛躍的に発展し、昭和三十四年、陛下の御巡幸十周年を記念して、実物大の乳牛の像を建設している（天皇陛下御在位六十年奉祝会編集発行『筑紫路を埋めた日の丸』）。

もちろん、平成の御巡幸でもこのような例は数限りない。本書では二つの例を挙げよう。

一つ目は、平成六年に小笠原を御訪問になったときのことである。人口二千人の父島は三百人の提灯《ちょうちん》行列で天皇皇后両陛下をお迎えし、沿道は日の丸の波になった。奉迎の記念花火を、両陛下は冬の強風の中、御宿泊のホテルのバルコニーに出て、お立ちになったままで、ホテル前に集まった提灯行列の人々と共に、三十分間御覧になった。

《日本の最南端の小さな島に、再びの行幸啓はおそらくない。両陛下と島民はその思いを胸に、同じ寒空の下に花火を見上げつつ、三十分の時を惜しんだのである。小笠原村の安藤幸一村長は「最高の夜になりました。お二人お揃いでお寒い中最後まで……感激です。昭和二年（昭和天皇の行幸）以来、ご皇室はこの島に御心をお寄せ戴いていると思っております」と感激の面持ちで語った。（中略）新聞が五日分まとめてくるという離島に暮らす人々にとって、両陛下のお越しは「自分たちは忘れられていない」という証しであり、日本人としての喜びをかみしめる最高の時だったのである。宮川晋村議会議長はこう語っている。

「この島では強制疎開と長期の占領によって先祖伝来の文化が崩壊してしまいました。自分はこの島の文化の再構築を目指していますが、文化とは人々が共同体を意識して心をひとつにするところから作られます。その意味で今回の行幸はその再出発の日となりました。天皇陛下をお迎えするという過程の中で島民は、いかにして心をひとつにしてゆくかということを学んだように思います」》（田中和子「天皇の道」『祖国と青年』平成十一年十月号）

人々が共同体を意識して心を一つにするところから文化が生まれる——小笠原の人々にとって、両陛下の御巡幸がその契機になったのだ。

国民と苦楽をともにし、日本国という共同体を守ろうと決意している天皇が自分たちの目の前にいらっしゃる。その姿を見て、自分たちもまた地域という共同体を守り、支えようという決意を新たにするのは自然な気持ちではないだろうか。

二つ目の例は、平成十八年九月、北海道襟裳《えりも》岬御訪問だ。

現在は日高昆布の生産で知られているえりも町だが、昭和二十年代の襟裳岬は一面の砂漠だった。江戸時代から昆布漁で潤ってきた襟裳岬に明治以後移住民が入るようになり、周辺の木を伐りつくしたために、草も、木を切ったあとの切り株も強風に飛ばされ、砂だらけになった。しかも、飛ばされた砂が海にも入って水中環境を荒らし、魚も昆布も採れなくなった。「襟裳に嫁は出すな」と言われるほど、不毛で困窮した土地になってしまったのである。

襟裳を立て直すための緑化事業が昭和二十八年に始まったが、何を蒔《ま》いても風に飛ばされ、失敗の連続であった。ようやく上手く行ったのが、「ゴタ」という浜辺に打ち上げられた雑海藻を使う方法である。ゴタを一度腐らせて乾燥させたものには粘着力があり、それを種の上から蒔くと地に張り付いて種が飛ばされずにすむ。

こうしてまず牧草を育てられるようになった襟裳の人々は、さらに時間をかけてクロマツの森を作っていった。襟裳は半世紀をかけてよみがえり、緑豊かで昆布のよく取れる町になったのだった。

陛下の襟裳岬への御訪問は、園遊会の際にえりも町の佐々木前町長から緑化事業の話をお聞きになられたことをきっかけに、陛下の強い御要望で実現した。

緑化事業に携わった襟裳興産取締役社長の駿河秀雄氏は、陛下にゴタのことを御説明する際に、においや汚れを気遣って、乾燥させたゴタを準備していた。ところが、陛下は意外な行動に出られた。

《陛下はあえて濡《ぬ》れて腐ったゴタを見たいと言われ、軍手も使わず素手でそのゴタを触られた。これには、駿河さんも驚いたそうだ。一度腐らせてあるため、地元の人でも触ることを憚《はばか》ってしまうほどの腐乱臭が漂い、べたべたと粘着性が増したゴタを、素手でお触りになったのである》（松井嘉和監修、全日本学生文化会議編『天皇陛下がわが町に』明成社）

そして、陛下はこのような御製を襟裳岬でお詠みになった。

えりも岬（平成十八年）

吹きすさぶ海風に耐へし黒松を永年《ながとし》かけて人ら育てぬ

さらに、襟裳岬御訪問の翌年、陛下は、苫小牧《とまこまい》市で行われた全国植樹祭でも襟裳岬の緑化事業について語られた。

《昨年は札幌で開催された国際顕微鏡学会議への出席の機会に、えりも岬を訪れ、地域の人々が苦労の末植林に成功してできた林を見てきました。この地域は強風にさらされ、以前、森林が伐り払われた後は土砂の流出により、海は濁り、魚は減少し、昆布も採れなくなり、人々の生活も大変困難になりました。このような環境を改善したいと営林署の職員と地元の住民が協力して緑化事業に取り組みましたが、強風により、砂や種子などが飛んでしまうという問題の解決には長い年月を要したと聞いております。様々な工夫を重ねた結果、打ち上げられた海藻で砂や種子を覆う方法により、ようやく緑化に成功したということでした。林の生長につれて土砂の流出がなくなり、不漁だった沿岸の昆布も立派に育つようになったと聞きました。

かつてはこのような役割を果たす魚付林《うおつきりん》が各地の沿岸にあり、そこでは森林の伐採が禁じられていましたが、明治以降、魚付林は顧みられず、その多くは消滅しました。しかし近年、川の上流域の森林から流れ出る栄養分を含んだ水によって、河口付近の沿岸がプランクトンなどの生物を育む豊かな海になることが認識されるようになってきました。その結果、林業と水産業に携わる人々の交流が生まれ、協力して川の上流に植樹を行う姿が見られるようになりました。森林は水系を通して、これまで考えられていた以上に沿岸の環境に重要な役割を担っていることが分かってきました。このように、森林は様々な機能を有しており、人々がそれらの機能に対する理解を深め、生かしていくことが極めて大切なことと思います》

えりも町役場の今野章氏は、こう述懐している。

《このように陛下がおっしゃられて、陛下は本当に現地をご覧になられたかったんだなと思いました。陛下がこのようにおっしゃって下さることで、襟裳はすごいところなんだ、という自信と誇りが芽生えました》（松井前掲書）

えりも町では、陛下の御製を刻んだ御製碑を建てて励みにし、地元の小中高校に緑化事業に携わった人たちを講師として招いて、この緑化事業を次代に伝える活動をしている。このゴタは臭いけれど、これで自分たちは緑化事業を成功させたのだ、陛下に御覧になっていただいたものなのだと、子供たちに誇りをもって伝承していく力が陛下の御訪問で引き出され、強められたわけだ。

農業、林業、工業といった様々な地場産業や特産品など、地域の誇りとなるものを受け継ぎ、守ってきた喜びを皇室が共にし、激励することで、全国各地の国民に自信と勇気を与えてきたのが地方御巡幸なのである。

皇室の知られざる努力

陛下は、そのことをよくわかっていらっしゃるから、全国を回ってくださっている。だが御巡幸というのは私たちが普通に想像する以上に大変なことなのだ。

御巡幸のスケジュールを見ると、たとえば被災地を慰問されるときは、現地に負担をかけないように、日帰りの強行軍で行かれる。それがどれだけ大変かということはすぐに察せられることだが、御巡幸の大変さは旅程の過密さだけではない。

私は昔、宇都宮鐵彦さんという方から、宮さまのことについて詳しく伺ったことがある。ある宮さまと食事をしたときのことだ。宮さまは表情を変えずに召し上がっていた。同席の宇都宮さんが「殿下、お気に召しませんでしたか」と尋ねると、「いや、おいしいよ」とおっしゃるけれど、やはり表情は変わらない。不思議に思って、同席された方にわけを聞いてみると、「皇族の方々は、食事がおいしくてもおいしくなくても、それを表情を出さないように日頃から訓練していらっしゃる。表情に出してしまうと、『おいしかった』顔をしなかった食べ物はおいしくなかったのだろうと周りの人々に思われてしまい、その食べ物を作った人たちを貶めることになるからだ」というのだ。

また、ゴルフに御一緒したときに宮さまがバーディーを取られたのに、嬉《うれ》しそうな顔を全くなされなかったという。「殿下はバーディーを取られて嬉しくないのですか」とお尋ねすると「嬉しいよ」とお答えになるが、やはり表情は変わらない。バーディーを取って嬉しいという顔をすれば、同行しているメンバーに「俺はすごいだろう」と誇ることになる。皇族は、そういう形で国民に対する優越感を持つことは許されないから、嬉しさを表情にお出しにならないのだという。

皇室は国民を区別することのないように、表情を変えない訓練を普段から徹底されている。天皇陛下が地方行幸啓のときに「昼御飯はカレーでいい」とおっしゃるのも、「おいしいという顔をなさらなければ「お気に召さなかったのか」ということになってしまうし、「おいしい」という顔をなされば、その料理人を特別扱いすることになることへの御配慮だ。国民を一切分け隔てをしないための慮りを忘れてはならないお立場なのである。一瞬も気を抜くことができない。

大変なのは食事だけではない。

天皇皇后両陛下が地方を御視察されるとき、行く先々で地元のしかるべき人が御説明をするわけだが、その御説明が面白いとは限らない。それでも、両陛下は決して「つまらない」という表情をなさるわけにはいかない。われわれ凡人は、講演会を聞きに行っても、話がつまらなければ居眠りすることもあるし、退屈を表情に出すこともできる。だが、両陛下はそんなことはおできにならないのだ。

皇居の中にいれば、そういう御苦労はない。地方にお出ましになるということは、緊張状態にずっとさらされ続けるということなのだ。皇族が地方に出るというのは実に難行苦行なのである。

それでも陛下が精力的に全国を御巡幸されるのは、陛下が現地にいらっしゃることで、地域の人々が励まされ、アイデンティティを再確認し、勇気が出ることをわかっていらっしゃるからだ。

皇后陛下が平成七年、陛下の象徴としての責務について、このようなことをおっしゃっている。

《人の一生と同じく、国の歴史にも喜びの時、悲しみの時があり、そのいずれの時にも国民と共にあることが、陛下の御旨であると思います。陛下が、こうした起伏のある国の過去と現在をお身に負われ、象徴としての日々を生きていらっしゃること、その日々の中で、絶えず御自身の在り方を顧みられつつ、国民の叡智がよき判断を下し、国民の意志がよきことを志向するよう祈り続けていらっしゃることが、皇室存在の意義、役割を示しているのではないかと考えます》（平成七年、お誕生日の御会見）

昭和天皇は戦後の御巡幸のとき、随行の大金益次郎侍従長を相手に、「こういう言い方をしたが、あれでよかったろうか」「母親にだけ話をして、子供に言葉をかけなかったが、拙かったか知らん」「途中で万歳の声が起こったので話をやめたが、あとの人たちは失望しなかったろうか」と、車の中で何回も反省されたという（岸田英夫『天皇と侍従長』朝日文庫）。

だから天皇陛下も、地方行幸啓で、「あの食事をしたとき、おいしそうな顔をしていたのではないか」「あの説明を聞いたとき、集中して聞けていただろうか」「被災者の苦しみに向き合って話を聞けていただろうか」といったことの一つ一つを常に反省していらっしゃるのではないだろうか。「絶えず御自身の在り方を顧みられつつ」というのは、そういうことも含む、本当に毎日毎日絶えざる御労苦の連続なのではないかと思われてならない。

そして皇后陛下が先のお言葉で「国民の叡智がよき判断を下し、国民の意志がよきことを志向するよう祈り続ける」とおっしゃっているのは、小笠原や襟裳岬の話にあったように、「自分たちの素晴らしいところはこれです」「先祖からやってきた自分たちの地域の歴史と伝統はこれなのです」とそれぞれの地域の国民が言えるよう励ますことによって、国民全体が自分たちの持てるものをよりよい方向に発展させるよう促すことが皇室の役割であるとお考えになられているからだ。

国民と苦楽を共にしつつ、国民がよりよい方向に発展するよう精神的に支え続けること、それが「象徴としての日々を生きる」という言葉の意味なのだ。

天皇が「国家及び国民統合の象徴」であるということは、憲法の条文によって規定されている。それはそれで重要な側面ではある。

だが、陛下は、象徴であるとはどういうことなのか、何をなすべきかを深くお考えになった。そして、「国民と喜びや苦しみを共にしつつ、それぞれの人たちの叡智や素晴らしさを引き出していく。全国を回り、様々な人々と会うことで、日本の国がよりよい方向に進むようにすることが皇室の役割である」とおっしゃり、実際にその通りに行動されてきたのだ。

第七章　慰霊の旅

おびただしい数の戦歿者追悼の御製

平成に入ってから、天皇陛下は戦争に関わる数多くの御製をお詠みになっている。皇太子時代のお歌にも戦争に関わるものがないわけではないが、御即位後は怒濤《どとう》の勢いと形容したくなるほど、戦争に関する御製が増えた。

原爆慰霊碑（平成元年）
死没者の名簿増え行く慰霊碑のあなた平和の灯《ひ》は燃え盛る
広島赤十字・原爆病院（平成元年）

平らけき世に病みゐるを訪れてひたすら思ふ放射能のわざ

戦没船員の碑（平成四年）

戦日に逝きし船人を悼む碑の彼方《かなた》に見ゆる海平らけし

日本遺族会創立四十五周年にあたり（平成四年）

戦《たたかひ》に散りにし人に残されしうからの耐へしながとせ思ふ

沖縄平和祈念堂前（平成五年）

激しかりし戦場《いくさば》の蹤眺むれば平らけき海その果てに見ゆ

硫黄島　二首（平成六年）

精魂を込め戦ひし人未だ地下に眠りて島は悲しき

戦火《いくさび》に焼かれし島に五十年《いそとせ》も主なき蓖麻《ひま》は生い茂りゐぬ

平和の礎（平成七年）

沖縄のいくさに失せし人の名をあまねく刻み碑は並《な》み立てり

戦後五十年遺族の上を思ひてよめる（平成七年）

国がためあまた逝きしを悼みつつ平らけき世を願ひあゆまむ

原子爆弾投下されてより五十年経ちて（平成七年）

原爆のまがを患《わずら》ふ人々の五十年《いそとせ》の日々いかにありけむ

苗（平成八年）

山荒れし戦《いくさ》の後《のち》の年々《としどし》に苗木植ゑこし人のしのばる

對馬丸見出ださる（平成九年）

疎開児の命いだきて沈みたる船深海に見出だされけり

英国訪問（平成十年）

戦ひの痛みを越えて親しみの心育てし人々を思ふ

日本傷痍軍人会創立四十五周年（平成十年）

国のため尽くさむとして戦《たたかひ》に傷つきし人のうへを忘れず

陛下は、それだけ常に、原爆や沖縄や戦歿者やその遺族のことをお考えになっているということなのだ。

なぜなら、歌を詠むというのは、心を集中して自分の言葉を紡いでいく、非常な精神力を要する営みだからだ。歌は思い付きでは詠めないし、忙しくても詠めない。自分の心を正確に表現するのが歌というものだから、これだけ戦争の歌を詠み続けられているというのは、原爆や沖縄や戦歿者や遺族にどう向き合ったらいいのかということを、お忙しい中でもずっとずっと思い続けていらっしゃるということを意味する。

しかも、ここで詠われているのは、戦争の悲惨さではない。戦争で亡くなった人たちや、苦労した人たちのことを詠われている。

たとえば原爆病院での御製は、原爆の良し悪しを詠ったものではない。原爆の病で今も苦しみ続けている人に寄り添う歌だ。戦争が終わって平和な時代になっても、原爆病で苦しむ人がいる。現在進行形の苦しみを負う人のことを詠っている。

ほかの御製も人々を詠うものだ。

「戦に散りにし人に残されしうからの耐へしながとせ思ふ」、戦いに散った人に残された御遺族の耐えてきた長い年月を思うことだ、という遺族会への御製もそうだし、「精根を込め戦ひし人」「沖縄のいくさに失せし人」「国がためあまた逝きし」「原爆のまがを患ふ人々」「山荒れし戦の後の年々に苗木植ゑこし人」――どの歌も、戦争で亡くなった人や苦労した人に視点が当たっている。

陛下は、戦争で亡くなった人たちや、今、生きている遺族の人たちにずっと向かい合って来られたのだ。

苦労した国民に向かい合う。苦しみや悲しみの話をひたすら聞く。これは、実は皇室が努め続けてきたことである。

靖国神社の松平永芳宮司に昔、伺った話だが、靖国神社に遺族会の人たちが来るとき、よく政治家が一緒に来るけれども、本当に遺族に向き合っている政治家なのか、遺族会を票田としか見ていない上辺だけの政治家なのか、見ればすぐにわかったという。

残念ながら昭和の最後の頃になると、「忙しいから」と言って参集殿で挨拶《あいさつ》だけして、遺族と一緒に参拝することなく帰ってしまう心無い政治家が増えたと、松平宮司は繰り返し嘆かれていた。昭和天皇や、その弟君の高松宮殿下や、高松宮殿下の薫陶《くんとう》を受けた髭《ひげ》の殿下こと寛仁《ともひと》親王殿下は、そのような政治家とはまったく違っていらっしゃったという。

とりわけ、高松宮殿下や寛仁親王殿下は、御自分の挨拶などはそこそこに、遺族の話、戦後の苦労話をひたすらお聞きになっていたそうだ。遺族の思いを受け止めることが皇室の役割だからと、聞くことに徹していらっしゃったと松平宮司は語っていた。

陛下も、戦歿者や遺族からひたすら話を聞き、学ばれている。

平和な世の中になっても今なお原爆の後遺症に苦しむ人の話を聞く。遺族の戦後の苦労を聞く。硫黄島《いおうとう》に御訪問されるときも、硫黄島協会の関係者をお呼びになり、硫黄島協会と、硫黄島で生き残った人たちと、硫黄島の戦歿者遺族の話をお聞きになった上で、硫黄島を訪問される。

沖縄でも、沖縄戦で生き残った人やその関係者を御所にお呼びになり、話を聞いた上で沖縄に行かれる。

戦《たたかひ》に散りにし人に残されしうからの耐へしながとせ思ふ
沖縄のいくさに失せし人の名をあまねく刻み碑《ひ》は並《な》み立てり
国がためあまた逝きしを悼みつつ平らけき世を願ひあゆまむ

いずれの御製も、単に遺族を慰めたらいいとか、亡くなった人たちを忘れないようにしようというものではない。国のために亡くなった人たちとその遺族が安らげるような世を祈ろう、そういう世をもたらすことが自分の努めである――詠われているのはそれだ。御製はすべて、遺族や戦歿者の心が本当に安らぐためには御自分がどのような向き合い方をしたらいいのかということを考えて詠まれた歌ばかりだ。

「苦しみや悲しみを共にする」と、言葉でいうのはたやすい。だが、実際に苦しむ人と向かい合うのは大変な労苦を伴うことだ。陛下は、戦歿者や戦歿者遺族と向かい合うという形で、戦争という問題を御自分で引き受けてこられたのだ。

「五内為ニ裂ク」——昭和天皇の御心の継承

昭和天皇が最後に全国戦歿者追悼式に御臨席になったのは昭和六十三年八月十五日のことだった。侍医《じい》団の反対や側近による欠席の進言を押し切られ、御療養中の那須《なす》御用邸からヘリコプターで東京に移動された。

卜部亮吾《うらべりょうご》侍従長（当時）の日記には、「総理式辞のあと標柱前にお進み　侍従長随従　途中で時報鳴る、10秒おくれくらいで黙祷《もくとう》」とある。例年であれば、正午の時報が鳴るときまでに陛下は壇上にある「全国戦歿者之霊」の標柱の前にお着きになっているのだが、この日は、御病気で弱ったお身体の力を振り絞るように壇上に向かわれ、時報より少し遅れたのである。この日の式典で、昭和天皇はこうお述べになった。

《本日、「戦没者を追悼し平和を祈念する日」に際し、親しく全国戦没者追悼式に臨み、さきの大戦において、戦陣に散り、戦禍にたおれた数多くの人々やその遺族を思い、今もなお、胸がいたみます。

歳月の流れははやく、終戦以来すでに四十三年、この間、国民の努力により国運の進展をみましたが、往時をしのび、誠に感慨深いものがあります。

ここに、全国民とともに、我が国の発展と世界の平和を祈り、心から追悼の意を表します》

昭和天皇が毎年、戦歿者追悼式典でおっしゃっていた「今もなお、胸がいたみます」という言葉について、評論家の江藤淳氏は次のように述べたことがある。

《今日に至るまで陛下御自身は終戦の詔勅を御下しになった御責任を一日も忘れておられないと私は拝察申し上げております。その事は毎年八月十五日の戦没者慰霊祭の時に〝今なお、胸の痛むのを覚える〟と陛下がおおせられる――その度に私は〝五内為ニ裂ク〟という終戦の御詔勅の言葉を思い出して、思わず目頭が熱くなるのですが――ことからも窺い知ることができます。ですから陛下は、一片の憲法典がどう変えられ、そこに占領者あるいは日本人の中のある人々のいかなる思惑が渦巻いていようが、そういう事とは全く係わりなしに、終戦の詔勅をお下しになった君主としての御責任を、今日に至るまで取り続けて来ておられる》（「孤高と静謐」『祖国と青年』昭和五十九年五月号）

江藤氏が挙げているのは、終戦の詔勅のこの部分である。

《朕ハ、帝国ト共ニ終始東亜ノ解放ニ協力セル諸盟邦ニ対シ、遺憾ノ意ヲ表セサルヲ得ス。帝国臣民ニシテ、戦陣ニ死シ、職域ニ殉シ、非命ニ斃《たお》レタル者及其遺族ニ想《おもい》ヲ致セハ、五内《ごだい》為ニ裂ク。且《かつ》戦傷ヲ負ヒ、災禍ヲ蒙リ、家業ヲ失ヒタル者ノ厚生ニ至リテハ、朕ノ深ク軫念《しんねん》スル所ナリ》

国民の中で、戦陣に死に、職域に殉《じゅん》じ、戦災に倒れた者やその遺族に思いを致せば、腸《はらわた》を引き裂かれるようである――昭和天皇が終戦の詔勅を録音されたとき、この「五内為ニ裂ク」のくだりでお声が乱れ、録音をやり直されている。戦後も昭和天皇は「今もなお、胸が痛む」と繰り返しお述べになり、「五内為ニ裂ク」という御心を持ち続けて来られた。

昭和天皇は、この昭和六十三年八月十五日に最後に臨まれた追悼式を題として、次のような御製をお詠みになっている。

やすらけき世を祈りしもいまだならずくやしくもあるかきざしみゆれど

「やすらけき世」を祈って来たけれども、今の世はまだそうなっていない。そのことが「くやしくもあるか」という、無念さにあふれた御製である。

繰り返すが、これは戦後四十三年経った昭和六十三年の御製だ。その間、日本は再び武器を取ることはなく、経済的復興を果たしてきた。

「やすらけき世」が単に戦争のない平和な世という意味ではないのは明らかだ。

では、昭和天皇が「いまだならず」と詠まれた「やすらけき世」とは何か。

靖国神社臨時大祭に参拝した昭和天皇

ジャーナリストの打越和子さんとこのことで何回も議論をしたが、その結論は、死者たちにとって「安らかな世」、死者たちの霊を国民が心から悼《いた》み、慰め、鎮《しず》めることができる世という意味ではないのか、ということであった。
昭和五十年、三木武夫総理大臣（当時）が八月十五日に靖国神社「私的参拝」を行い、その年の十一月二十一日に昭和天皇の最後の御親拝が行われた。その前日の参議院では、昭和天皇の御親拝が私的参拝なのかどうかが議論の俎上《そじょう》に乗せられた。

それ以後、天皇の御親拝は途絶《とだ》えたままである。昭和六十年には第五章で述べたように、時の中曽根総理が「手水《ちょうず》を使わない」「二礼二拍手をしない」「祓《はら》いを受けない」靖国神社「公式参拝」を強行、その後も教科書問題などで政府の信念に欠けた行動が続いた。

昭和天皇最晩年の昭和六十三年、戦歿者を心から悼み慰めることができる世が「いまだならず」ということは明らかであった。

日本には伝統的に「死者とともに生きる」文化がある。歌人の岡野弘彦氏は『悲歌の時代』（講談社学術文庫）という著書の中で、日本人は「五十年はおろか、一世紀も二世紀も歳月をかけて息長く」「戦いの集団的な死者の魂のための悲歌を歌い続けた」と書いている。

その代表の一つが平家物語だが、万葉集《まんようしゅう》もそうだ。万葉集の中には、「防人《さきもり》の歌」など、国のために亡くなった人々を悼む歌、「挽歌《ばんか》」がある。国のために亡くなった人々とその遺族を、歌を詠むことによって慰めるというのが万葉集以来の我が国の伝統であり、そうした文学の伝統の中核に皇室がある。

だが、それでは、日本史上例を見ないおびただしい死者を出した戦争のあと、私たちはどのような挽歌を詠い、死者の霊を慰めてきただろうか。岡野氏は次のように指摘する。

《歴史の中のどの時代よりも多くの、そして無惨な集団的死者を出し、もっとも深い心でその不幸な鎮まらぬ霊のために祈りと悲しみをもたなければならぬ現代に、われわれは一体どういう祈りと悲しみの歌をもったであろうか》

《同時代の死者の魂を、これほどおろそかにした時代は、過去の日本人の心の歴史にはなかった》

だからこそ、昭和天皇は御製で「いまだならず」「くやしくもあるか」と痛哭《つうこく》していらっしゃるのではないか。

そうであれば、天皇陛下が平成に入ってから数多く詠まれてきた戦争に関する御製も、昭和天皇の御心の継承であるに違いない。天皇陛下は、昭和天皇の「五内為ニ裂ク」という御心を、引き継いで「挽歌」を詠われているのだ。

昭和天皇の戦争責任という問題について、「そういうことはお答えする立場にないと思っております」とおっしゃることで断絶を避けるだけではなく、昭和天皇の「五内為ニ裂ク」という、国民の苦しみに寄せた御心と、終戦の御聖断や戦後の御巡幸で示された国民のための捨て身の行動を引き継ぐことが、皇室として為《な》すべきことであり、国民のために尽くすことだという明確な御心がそこにある。

陛下は硫黄島や沖縄や原爆で亡くなった人、傷痍《しょうい》軍人、戦歿者の遺族の実情を徹底して学ばれ、その上で現地に赴いて人々の話に耳を傾け、死者の霊を慰め、遺族の苦労を慰撫《いぶ》する。その心情を御製に詠む。

このようにして陛下は、日本史上稀有《けう》な、同時代の死者に対して冷たい時代にあって、記紀、万葉集、平家物語を経て、さらに昭和天皇から天皇陛下に至る「祈りと悲しみの歌」の伝統を、死に物狂いで引き継ごうとされている。そういう形で陛下は、戦争という問題を引き受けられてこられたのだ。

「歴史戦」と次元の異なる陛下の戦い

日本軍兵士の戦いを詠まれた陛下の御製は、明らかに「顕彰《けんしょう》」つまり、戦後、忘れさられた功績をたたえ、広く知らせようとする歌である。

「精魂を込め戦ひし」「国がためあまた逝きしを」「国のため尽くさんとして」という表現は、兵士を犠牲者として憐《あわ》れむものではない。

時代に流された無知な人々であったとか、嫌々駆り出されていったとか、ましてや非道な侵略者であったと断罪するものではない。「国の命運を決する戦いに際して、一身を顧みず、精魂を込めて戦った人々よ」と、呼びかけ、詠うことで、「顕彰」を行っているのである。

それはなぜか。「顕彰」すること、犠牲者として憐れむのではなく、立派に戦った人たちであると言葉にすることでしか、魂《たましい》を慰めることはできないとお考えになっているからではないだろうか。

平成六年二月に硫黄島を御訪問されたときのことを詠んだ御製は、先にも挙げたように、次のようなものであった。

精魂を込め戦ひし人未だ地下に眠りて島は悲しき

硫黄島についてのお言葉の中でも、こうおっしゃっている。

《硫黄島における戦いは大洋に浮かぶ孤島の戦いであり、地熱や水不足などの厳しい環境条件が加わり、筆舌に尽くし難いものでありました。この島で日本軍約二万人が玉砕し、米軍の戦死者も約七千人という多数に上りました。このたびこの島を訪問し、祖国のために精根こめて戦った人々のことを思い、また遺族のことを考え深い悲しみを覚えます。今日の日本がこのような多くの犠牲の上に築かれたものであることに深く思いを致したく思います。鎮魂の碑の正面に立つ摺鉢山は忘れ難いものでありました》（平成六年二月、硫黄島御訪問の折のお言葉）

お言葉の中でも、御製と同じように、「祖国のために精魂こめて戦った人々」と敢《あ》えておっしゃっている。「祖国のために精根こめて戦った人々」という一節がお言葉の中で重要だったから、御製でも敢えて繰り返されたのだ。

なぜ「敢えて」と言うのか。

政府は、陛下の硫黄島御訪問の半年前の平成五年八月、「侵略戦争」発言を始めていた。細川護熙《もりひろ》首相は平成五年八月十日の記者会見で、「私自身は（大東亜戦争は）侵略戦争であった、間違った戦争であったと認識している」と語った。首相が「侵略戦争」と明言したのは初めてのことで、これが村山内閣による終戦五十年の謝罪決議につながる動きに拍車をかけていくことになる。政府が遺族に対して「お前たちは侵略者の子供である」「侵略者の妻である」とレッテルを貼ったに等しい。

遺族や戦歿者の霊にとってますます「やすらけき世」ではなくなるような政府の動きに対して、陛下は明確に違う対応をされた。

陛下の硫黄島の御製が発表されたのは終戦五十年の年、細川首相の「侵略戦争」発言から約五カ月後の、平成七年年頭のことだった。

さらに終戦五十年のこの年、七月末から八月初めにかけて、陛下の強い御希望によって「慰霊の旅」が行われた。これは戦後初めてのことだ。

慰霊碑を一つひとつ親しく御参拝になり、被爆者や遺族一人一人とお話しになっている。すべての御訪問地でお言葉を賜《たまわ》っている。

またこの八月に、両陛下は日本遺族会に御宸筆《しんぴつ》、御染筆《せんぴつ》の御製と御歌《みうた》を下賜《かし》された。御宸筆とは天皇の直筆、御染筆とは皇后の直筆のことだ。両陛下は御自分で歌を詠まれ、それを自ら書かれ、遺族に渡された。細川発言や謝罪決議が政府と国会で動いている最中に、である。

政府や国会と全く違う動きをするというのは、恐ろしく勇気の要ることだ。両陛下が御下賜された御製と御歌がこれである。

御製　戦後五十年遺族の上を思ひてよめる（平成七年）
国がためあまた逝きしを悼みつつ平らけき世を願ひあゆまむ

国のために多くの方々が亡くなったことを悼みつつ、「平らけき世」を願いつつ歩もう——

この「平らけき世」とは、戦歿者の霊が安らぐことのできる「やすらけき世」のことだ。

御歌

いかばかり難かりにけむたづさへて君ら歩みし五十年《いそとせ》の道

どれほど大変なことであったでしょうか。父親や夫や兄弟を亡くし、遺族として歩んできたあなたがた遺族の方々の歩み。この五十年はどれほど大変なことであったでしょうか。

政府や国会が、あなた方の父親や夫を「侵略者」だったと言うかもしれないけれど、私たちはそうは思わない。政府が如何にあなた方の父親や夫を切り捨てようが、私たちはしない。昭和天皇の「五内為ニ裂ク」という終戦の御聖断の決意、国民の安寧を祈る皇室の伝統を守るという決意をいささかも変えることはない――陛下はこう国民に呼びかけられたのではなかったか。

しかもこの終戦五十年の年、陛下は外国御訪問をお控えになった。陛下はのちに記者会見で、こうおっしゃっている。

《戦争五十年という年は、戦争によって亡くなった多くの人々を悼み、遺族の上を思って過ご

そうと、外国訪問は考えていませんでした》（平成九年五月十六日、記者会見）

陛下の外国御訪問はほぼ毎年あり、多いときには年数回にわたることもある。御即位後の外国御訪問は平成三十年間で延べ四十七回、三十六カ国に及んでいる（竹内前掲書）。外国御訪問は相手国からの要請や外務省の意向に応じて、政府の決定によって行われる。

しかし、この年、陛下は外国に行かず国内に留まるという積極的意志を発動された。

繰り返しになるが、陛下は、宮澤俊義教授の東大憲法学が唱えたような「めくら判を押すロボット」ではないのだ。

現行憲法では、皇室の国事行為は政府の助言と承認によって行われることになっている。「承認」とは、皇室が自ら行おうとしていることを政府が承認する場合があるということを意味している。天皇陛下は決して、宮澤憲法学で言う「ロボット説」を採《と》ってはいらっしゃらない。

なぜ「天皇ロボット説」を採らないのか。わがままで採らないのか。決してそうではない。

大日本帝国憲法では、国家の非常事態に備えた天皇の非常大権があった。国家的危機に対する究極の危機管理として天皇が動けるような体制を持つのは、安全保障上・危機管理上、非常に重要なことだ。

しかし日本国憲法体制下であっても、国家の命運に対する天皇の役割が条文に書かれているかいないかに関わりなく、天皇陛下はすでに国家の危機に対応してこられた。

この戦後五十年のときもそうなのだ。

社会党の村山富市《とみいち》総理が意欲を燃やす謝罪決議に対して、五百万名もの反対署名が集まった。国会議員も国民の声に呼応して「終戦五十周年国会議員連盟」を結成して決議反対に動いた。にもかかわらず、自民・社会・さきがけの三党連立政権は、ただ政権を手放したくないという理由で、決議断行に踏み切った。政権維持のために戦歿者や遺族の思いを犠牲にしたのである。

だが陛下は、政府の侵略戦争発言から謝罪決議へのこの流れを、民族の魂にとって危機的な状況だと認識され、それに対して皇室として何をしなければいけないかを的確に見据えて「慰霊の旅」にふみ切られたと受け止めるべきだろう。

細川首相の「侵略戦争」発言や国会の謝罪決議に対して保守派は、細川首相の発言反対、謝罪決議反対を掲げ、東京裁判史観の間違いを正そうとする論争を行っていた。

陛下の戦い方はそれとは全く違っていた。

陛下の戦いは、「侵略か侵略でないか」という歴史観の戦いではない。侵略戦争史観や東京裁判史観を持つ国民を批判することでもない。「あの戦争は侵略か侵略でないか」という議論をされるのではなく、戦争にまつわる様々な犠牲や苦闘を引き受けようとされたのだ。右左を越えて、精一杯国のために尽くした国民を顕彰し、追悼し、常に思いを寄せていくのが、陛下の戦い方なのである。

私は『日本占領と「敗戦革命」の危機』の中で、近衛《このえ》上奏文に対する昭和天皇の態度を取り上げたことがある。近衛上奏文は戦争末期の昭和二十年二月、近衛文麿《ふみまろ》が、シナ事変を拡大して大東亜戦争まで至らしめたのは、政府や軍部に潜入している「国体の衣を着た共産主義者」であると告発し、彼らを一掃して英米との和平を進めるべきだと昭和天皇に上奏した上奏文のことである。

近衛上奏文は革新右翼や一部の軍人を売国奴と疑い、敵視するものだった。だが、昭和天皇は彼らを決してそのような角度から御覧になってはいなかった。終戦の御聖断を下すとき、昭和天皇はこう語られている。

《私は明治大帝が涙を呑んで思ひ切られたる三国干渉当時の御苦衷をしのび、此際耐へ難きを耐へ、忍び難きを忍び一致協力、将来の回復に立ち直りたいと思ふ。今日まで戦場に在て陣歿し或は殉職して非命に斃《たお》れた者、又其の遺族を思ふときは悲嘆に堪へぬ次第である。又戦傷を負ひ戦災を蒙《こうむ》り、家業を失ひたる者の生活に至りては私の深く心配する所である。此際私としてなすべきことがあれば何でも厭《いと》はない。国民に呼びかけることが良ければ私は何時でも「マイク」の前にも立つ。一般国民には今まで何も知らせずに居つたのであるから、突然此決定を聞く場合動揺も甚しいであろう。陸海軍将兵には更に動揺も大きいであらう。この気持をなだめることは相当困難なことであろうが、どうか私の心持をよく理解して陸海軍大臣は共に努力し、良く治まる様にして貰ひたい。必要あらば自分が親しく説き諭してもかまはない。此際詔書を出す必要もあらうから政府は早速其起案をしてもらひたい》（下村海南『終戦記』鎌倉文庫）

昭和天皇がおっしゃっている「陸海軍将兵には更に動揺も大きいであらう」から、「必要あらば自分が親しく説き諭してもかまはない」という言葉の根本には、私から軍人にきちんと話をすれば、必ずわかってもらえるはずだ、という信頼があった。

国体明徴運動のような、美濃部《みのべ》博士の議論を否定する右翼全体主義の動きには批判的でいらっしゃったが、だからといってそういう動きをする国民を切り捨てるという視点はない。

大正十二年、皇太子として大正天皇の摂政を務めていらっしゃったときに、難波《なんば》大助という共産主義者に銃撃された「虎ノ門事件」があったが、昭和天皇は自分の命を狙《ねら》ったテロリストである難波の家族の安否を御心配になり、侍従らが救済に奔走している。天皇の国民に対する「一視同仁《いっしどうじん》」（分け隔てなく国民すべてに愛情を注がれる）の姿勢である。

天皇陛下の戦い方は、昭和天皇のこのような御姿勢と同じなのだ。

細川首相や国会の謝罪決議に対して様々な反対論が噴出し、論争が行われたが、天皇陛下はその論争と異なる次元で国家の命運を守る戦いをされていた。国のために尽くした人たちがいて、今の日本があるのだという、国家としての連続性、国のために尽くすことがいささかも間違ったことではないという、民族の魂を守る戦いをして来られたのだ。

ジャーナリストの打越和子氏は、陛下の戦いの意味を次のように語っている。

《この時、日本を代表する意志として、政権維持のために歴史を断罪して憚《はばか》らない政府しか存在しなかったとしたら、国民精神はとめどなく分裂して、心ある国民も全く自暴自棄《じぼうじき》に陥ったかもしれない。しかし有り難いことに、日本には政府を越えるもう一つの意志が存在した。ひたすらに戦没者や遺族のことを思われる天皇陛下の御祈りである。慰霊碑に深々と頭を下げられる両陛下のお姿、「祖国のために戦った」人々の心をお汲みとりになり、悼み、慰められる御製やお言葉。喧騒《けんそう》の戦後五十年の中で、陛下の御心《みこころ》は揺るぎなく示され続けた。

今、改めて当時を振り返ると、陛下が断固として慰霊の意思を示し続けられたことが、わが国にとっていかに重大なことであったかがわかってくる。陛下の「孤高の戦い」によって、死者の霊魂は唯一の安らぎを得た。そして、「死者と共に生きる」感覚を無意識的に保ち続けて

いる日本の国民精神は、ぎりぎりのところで守られたのである》（『祖国と青年』平成十一年八月号）

政府や国会がいくらダメになっても、皇室があれば日本はなんとか守られる。戦前の二・二六事件や終戦の御聖断のときがそうだった。

だが、皇室が日本を守ったのは二・二六事件と終戦の御聖断だけだったろうか？

私は、戦後五十年のときも同じことが繰り返され、天皇陛下の御聖断によって日本が守られてきたのだと思っている。

陛下の戦いはその後も続いている。

たとえば、中学校の歴史教科書に「従軍慰安婦の強制連行」が掲載され、いわゆる「従軍慰安婦」問題に対する論議が高まった平成八年、お誕生日を前にした記者会見で、「二十一世紀に向けて、過去の歴史認識をどのように踏まえていきたいとお考えでしょうか」という質問に、こうお答えになっている。

《過去の歴史を正しく認識することは、非常に大切なことと思います。いかなる歴史を正しいこととするかは考え方によって違うことがあると思いますが、常に公正に真実を求めていく努

力を失ってはならないと思います》

「慰安婦の人たちがかわいそうですね」というような安易な迎合をせず、「常に公正を求めて真実を求めていく努力を失ってはならない」と、どのような歴史認識の持主であろうとも否定する余地がない、冷静なお答えを返されている。

　さらに、別の質問へのお答えの中で、このようなことをおっしゃっている。

《私も、魚類の研究をしていて感じることですけれども、この地域にこの魚がいるということがある文献に出ますと、その査定が間違っていても、間違っているということがほとんど確実であっても、絶対にそれが間違いであるということを証明することは、非常に難しいわけなんです。そして、その文献がずっと後でも引用されて、非常に奇妙な分布というものが示されるということがよくあることです。私がかつて日本魚類大図鑑を書いた時に、何とかこの分布だけは、この魚類大図鑑から始まるようにしたいというような気持ちで始めたことがあります。そういう点を、いったいどのように考えればよいか、先ほどの歴史の真実という問題と合わせて、非常に考えさせられるところです。魚類の分布のように非常に単純と思われているようなことでも、それを否定をするということは非常な努力が必要なわけです。歴史の場合にも、そその有無というものが非常に難しい場合もあることをよく感じております。先ほども言いましたように、常に、公正に、真実を求めていく努力というものが失われてはならないというのも、その気持ちを表したわけです》

「常に、公正に、真実を求めていく努力というものが失われてはならない」という御発言は非常に意味深長である。しかも、魚類の分布のお話に加えて、「歴史の場合にも、その有無というものが非常に難しい場合もあることをよく感じております」とおっしゃっている。

教科書に「従軍慰安婦の強制連行」が記載されたのは、平成五年八月の後の河野洋平官房長官談話が根拠となったが、この河野談話は韓国の意向に迎合し、「自称」慰安婦たちの証言を、事実関係を検証することなくそのまま鵜呑《うの》みにして作られた政治的作文にすぎなかった。

当時事務方のトップとして談話作成に関わった石原信雄・元官房副長官は、関係省庁に要請した調査でも、米国公文書館での調査でも、女性たちを強制的に集めたことを客観的に裏付けるデータが見つからなかったこと、また、韓国側の強い要求で実施された自称元慰安婦たちの聞き取り調査に際して、事実関係を裏付ける調査は一切行われなかったことを平成二十六年二月二十日の衆院予算委員会で証言している。

こうした経緯を踏まえれば、「常に、公正に、真実を求めていく努力というものが失われてはならない」という陛下の御発言が何に向けられているかは明らかではないだろうか。

もちろん、誤読しないと思うが、敢えて附言しておくと、陛下がいわゆる慰安婦問題について批判的であるなどと主張したいのではない。

陛下の御発言の姿勢は、軽率な政治やジャーナリズムと全く異なっていることを指摘しているのだ。国民全体をまとめていくために、どういう言動をしなければならないかを考え抜かれて発言されている。「歴史認識問題」に踏み込む危険をよく御承知の上で、深い洞察力を持って、敢えてこのような発言をされているのだ。

戦前も昭和天皇がいくらおっしゃっても、その真意を受け止める人があまりにも少なかったために昭和天皇が非常に苦しまれた。同様に、戦後も、私たち国民の側が皇室や天皇陛下が発する言葉を受け止める力が弱いのではないのか。そして私たち国民の側が陛下のお言葉を受け止める力が弱いから、孤高の戦いをせざるを得ない状況に皇室を追いやってしまっているのではないのだろうか。

第八章　沖縄とのかけはし

戦争に負けてから始まった沖縄の悲劇

天皇陛下が沖縄との間に深い信頼関係を築いて来られたことはよく知られている。それは一夜にして作られたものではなく、沖縄が日本に復帰する前から半世紀にわたって陛下が積み重ねられてきた御意志と御努力によるものだ。

分裂を阻止し、国民を統合するという皇室の役割の象徴的な例である。

陛下と沖縄との特別な関わりは、昭和三十七年に始まった「豆記者交歓会」がきっかけだったと言われている。

豆記者交歓会とは、沖縄の本土復帰前から、沖縄の子供たちに本土のことを理解してもらおと、山本和昭先生という東京都世田谷区の中学校教師が中心になって始めたものだ。沖縄と本土がお互いに中学生を招き、「豆記者」として各地を取材させることで、相互理解や友情の輪を広げるとともに、ものごころついてから米軍占領下の沖縄しか知らない沖縄の子供たちが、やがて沖縄が復帰する日本がどういうところかを知り、復帰後の沖縄が本土と一緒に発展していくという展望を持つようになることを目的としていた。

発足の当初から、豆記者たちを御所に招いてくださったのが、天皇陛下なのだ。私は一時期、豆記者交歓会を手伝ったことがあるので、山本先生から当時のことを伺ったことがある。豆記者交歓会の活動の目玉として何かこれといったものがほしいという話が出たときに、山本先生は、当時の皇太子殿下、つまり天皇陛下に豆記者たちと会っていただこうという大胆なアイデアを思いつき、思い切ってお願いしたところ、陛下は即座に承諾してくださったのだという。

激しい地上戦で辛酸《しんさん》をなめた沖縄を本土がどのように受け入れるべきかを、陛下は真剣に考えてくださった上でのことに違いないと、山本先生は述懐していた。

陛下がどれほど沖縄の人々に御心を寄せられ、沖縄の人々から信頼を得られているかを、私の経験談から紹介したい。

沖縄がまだ占領中だった昭和二十年代に、沖縄の戦死者慰霊を始めた金城和信さんという人がいる。金城さんは真和志村《まわしそん》という村の村長だったが、村民は皆、米軍の命令によって摩文仁《まぶに》に移動させられた。

摩文仁は日本軍の司令部が最後に置かれた激戦地であったので、周囲には戦死者の遺体がいたるところにあった。金城村長は遺体収容と納骨堂の建設許可を、当時沖縄を占領していたアメリカ軍に要望したが、なかなか許可が下りない。何度も頼み込んで遺体を収容して作ったのが、魂魄之塔だった。

金城村長はその後さらに、ひめゆり学徒隊を慰霊するひめゆりの塔や、学徒兵として動員された男子生徒たちを祀る健児之塔も建立している。金城さんの娘さん二人が、ひめゆり学徒隊で亡くなっている。

私は学生時代、この金城和信さんの息子さんである、国士舘大学の金城和彦先生に、沖縄戦の話を伺った。そのとき、金城先生は、こういうことを言われた。

「あなた方が沖縄を特別扱いすることを好まないのはわかる。だが一方で、沖縄は戦地になり、大きな被害を受けたことも事実だ。県民のほとんど全員が戦死者遺族なのだ。

それだけではない。沖縄には、戦死者遺族であること以外にも、もっと深い問題がある。沖縄にはまだ戦争を経験した人がたくさんいるので、話を聞きに行くとよい」

そこで私は先生の助言に従い、友人たちと沖縄に行った。暇はあっても金はない学生時代のことだから、フェリーでの長旅だ。当時はまだそれほど規模の大きくなかった国際通りの商店街を回り、行く先々で、沖縄戦の話を聞かせてくださいと頼んで歩いた。

当然ながら商店街の人たちは仕事中で、急に本土の学生が沖縄戦の話をしてくれといっても、応じてくれる人はそう簡単に見つからない。だがたまたま、かりゆしの店を出している田島さんという方が相手をしてくれた。

田島さんは御両親と妹さんを戦争で殺され、生き残った下の妹さんを育てながら、兄妹で一所懸命に生きてきた。沖縄の慰霊の日には摩文仁の丘での戦地慰霊行進に欠かさず参加し、遺族会にも入っているという。

戦火の中を逃げ惑った話などもしてくれた田島さんは、「戦争は確かに大変だったし、親を殺されたし、きつかった。だけど、それはまだよかったのだ」と言った。「僕にとっての地獄は、戦争に負けてからだった」というのだ。

「俺たちは食っていくためにかりゆしを縫って、売って、稼がないと生きていけなかった。かりゆしを買っていくのは米軍の人間だ。自分の親兄弟の敵に頭を下げて、かりゆしを買ってもらわないと俺たちは生きていけなかったのだ。その苦しさは、お前らにはわからないだろう」

と田島さんは言った。

戦争に負けて、米軍が沖縄を含めた日本全土を占領した。それは、負けたから仕方がない。昭和二十七年に本土が講和独立した。沖縄は置いていかれてしまった。そのことも、当時の国際情勢があるから、まだわかる。気持ちは別として、頭では、わかる。昭和四十七年に日本に復帰したら、米軍に代わって自衛隊が来てくれて今度こそ自分たちはその苦しみから解放されると思っていた。

それなのに、復帰後も米軍は居続けている。何なんだ、これは。

「この感情は、お前らにはわからないだろう」という田島さんに、私は、「安全保障上、米軍が沖縄にいることが必要だということについてはどう思いますか」と尋ねた。

「そんなことはわかってるサ。だけど、戦後、米軍の占領下で生きていかなければならなかった沖縄の人たちがどういう苦しみを味わってきたのか、というのは別の話だ」――そう言って、田島さんはさらに説明してくれた。

日本の本土の人たちには、米軍の兵隊に頭を下げて物を買ってもらわないと生きていけない状況はなかったじゃないか。

もちろん、占領下で米軍兵士に身を売って生きていかなければならなかったかわいそうな女性がたくさんいたことも知っている。でも、それは一部だったし、敢えて言えば、選択の余地がなかったわけではない。

われわれは沖縄を米軍に占領されて、お金を持っているのは米軍だけだった。米軍相手に物を売らなければお金が入らない状況だった。選択の余地がなかった。そういうわれわれのいわく言い難い気持ちを、本土が理解しているとはとても思えない。

「だから本土はけしからん」などと言う気はない。ただ、ものすごく寂しいものがある。

俺のように心を整理している人はそう多くない。日米安保や米軍基地が重要だとわかっていて、理屈では賛成している人間でも、「米軍基地出て行け」と言わざるを得なくなる。この屈折した感情を理解したほうがいいと思うよ。

——田島さんは、そう語った。

その田島さんは、「お前たち、ところで、今日、泊まるところはどうするんだ」と聞いてくれた。「決めていないし、金もないし」と言うと、田島さんは、「わかった。じゃあ、俺はマンションを経営しているから、一部屋お前たちに貸してやる。自由に使え」と、一週間ほどずっとただで泊まらせてくださった上に、食事も何度かおごってくださった。貧乏旅行の学生を手厚く世話してくださったわけである。

私は決して、沖縄を特別扱いするべきだと言いたいのではない。だが、沖縄が沖縄戦の間、また、その後の占領下で日本と違うどのような思いを抱きつつ苦闘してきたのかということを、本土の側は理解しているだろうか。

では、そういういわく言い難い辛さを抱えてきた田島さんにとって、沖縄が日本に復帰したことはどうだったのだろうか。田島さんは、「それはよかったサ」と答えた。「何が一番よかったですか」とさらに尋ねると、「そうさね、やはり皇室かな」と田島さんは言った。「皇室の何ですか」と聞くと、田島さんがしてくれたのが、昭和五十年の両陛下（当時は皇太子同妃両殿下）の沖縄御訪問の話だった。

ひめゆりの塔事件、異例の談話

両陛下が七月十七日の沖縄国際海洋博覧会開会式御臨席のために初めて沖縄を訪問された昭和五十年は、左翼過激派による反皇室闘争のピークだった年である。

その数年前から全国各地でテロ事件が連続していた。中でも凶悪だったのが東アジア反日武装戦線で、昭和四十六年「殉国《じゅんこく》七士の碑」（熱海）、昭和四十七年総持寺納骨堂（横浜）、「風雪の群像」（旭川）、北大北方文化研究施設（札幌）と、爆破テロ事件を起こしている。彼らは

『腹腹時計』という爆弾教本を作り、それに則って自前の爆弾を製造していたのだ。

昭和四十九年八月十四日にはお召し列車を爆破して昭和天皇を暗殺する「虹計画」を実行しようとしたが未遂に終わる。だが同月三十日には三菱重工本社ビルを爆破、死者八名、重軽傷者三八五名を出す大惨事になった。爆破テロは昭和四十九年内に三井物産、帝人中央研究所など計五件、昭和五十年に入ってからも続発している。

両陛下の沖縄御訪問に反対する過激派組織はもちろん東アジア反日武装戦線だけではなかった。防衛庁・羽田空港など四カ所で火炎ビンが投げつけられたし、沖縄御訪問直前の昭和五十年七月十二日には、左翼活動家が「皇太子訪沖実力阻止」というビラを撒《ま》き、皇居坂下門に突入するという「第二次坂下門突入事件」が起きている。

現地沖縄には本土から多数の過激派活動家が覆面のままフェリーで上陸し、那覇市内では無届けのデモや「皇太子訪沖阻止」「海洋博粉砕」を叫ぶ集会があちこちで行われた。

どんな不測の事態が起きても不思議ではない。だが、皇太子であった陛下は「石ぐらい投げられてもよい。そうしたことに恐れず、県民の中に入っていきたい」と側近に漏《も》らされたという。

そういう中で起きたのが、「ひめゆりの塔」での火炎ビン事件である。沖縄戦中にひめゆり部隊が使っていた洞窟《どうくつ》に潜んでいた過激派二人が、両陛下に火炎ビンを投げつけたのである。

当時の新聞報道によれば、両陛下からわずか二メートルの距離で二メートルの炎が上がったという（朝日新聞、昭和五十年七月十八日、朝刊一面）。

この火炎ビン事件の直前にも、糸満市内で両陛下の車列に向かって空き瓶や鉄パイプなどが病院の三階から投げつけられるという「白銀病院事件」も起きていた。このときは車列には何も当たらず、被害がなかったが、ひめゆりの塔での火炎ビン事件は至近距離で、最悪の事態になってもおかしくなかった。

沖縄県知事や県警本部長はじめ、関係者は青くなった。だが両陛下は「ひめゆりの塔」参拝を予定より少し早く切り上げられただけで、そのまま「魂魄の塔」「健児の塔」「黎明《れいめい》の塔」「島守の塔」を巡拝された。その後の日程にも変更はなく、県立平和祈念資料館、海軍司令部壕、遺族会館を御訪問された上、沖縄戦遺族の一人一人と親しくお話をされている。

両陛下の沖縄御訪問を、あの朝日新聞が次のように論評した。

《火炎びんのガソリンのにおいをかぐことから始まった皇太子ご夫妻の沖縄の三日間は、十九日、那覇空港につめかけた市民の「熱狂的」といっていい日の丸の波音を聞くことで終わった。〝ミッチー・ブーム〟にわいたご成婚から十六年、率直にいって久しぶりに全国民の注視をあびてのご旅行だった。そして、いま頭に白いものの混じり始めた四十一歳の皇太子殿下は、側近たちともどども、晴れやかな表情で南国の夕映えのなかへ飛び立ってゆかれた。

ご夫妻はこんどの旅を、立派につとめられたといえる。決して「政治的」に見えてはならず、「演出」と受け取られてもならない。二重のワクの中で、ご自身の人間味を示すのは、かなりむずかしい。だが、すぐそばで火炎びんが燃え上がり、続けて何が起こるかわからない瞬間に、いっしょにいた説明役の老婦人の身を気づかって「源（ゆき子）さんはどうした」「源さんを見てあげて」といい続けられたことには「政治」も「演出」もなかったろう。

南部戦跡の塔で、まさに体を二つに折られ、後ろで頭を下げた側近が途中で上げかかって、あわててまた下げたほど長い拝礼を繰り返された。

それぞれの塔のゆかりの人たちの話を、ひたいをつけるようにして聞かれたが、三〇度を超す炎天下、二人ともしたたる汗をぬぐおうともされなかった。まさに「一生懸命」という感じだった》（朝日新聞、昭和五十年七月二十日、朝刊三面）

火炎ビン事件当日の七月十七日、陛下は異例の談話を発表されている。少し長くなるが全文を紹介しよう。

《沖縄国際海洋博覧会開会式への出席を機会に長い間の念願がかない、沖縄を訪問することができました。

過去に多くの苦難を経験しながらも、常に平和を願望し続けてきた沖縄が、さきの大戦で、わが国では唯一の、住民を巻き込む戦場と化し、幾多の悲惨な犠牲を払い今日にいたったことは忘れることのできない大きな不幸であり、犠牲者や遺族の方がたのことを思うとき、悲しみと痛恨の思いにひたされます。私たちは、沖縄の苦難の歴史を思い、沖縄戦における県民の傷跡を深く省み、平和への願いを未来につなぎ、ともどもに力を合わせて努力していきたいと思います。払われた多くの尊い犠牲は、一時（いっとき）の行為や言葉によってあがなえるものではなく、人びとが長い年月をかけてこれを記憶し、一人ひとり、深い内省の中にあって、この地に心を寄せ続けることをおいて考えられません。

県民の皆さんには、過去の戦争体験を、人類普遍の平和希求の願いに昇華させ、これからの沖縄県を築きあげることに力を合わせていかれるよう心から期待しています。

海は、おもろ時代の昔から、みなさん方になじみのあるものでした。その沖縄は、海洋博覧会の開かれる、まことにふさわしい場所と思います。海洋博覧会は、皆さんに考える場を提供し、また内外の多くの人々と接触する機会を与えることでしょう。しかし、博覧会の真の意義は、その終わった後にあると思います。

戦後、私たちは、平和国家・文化国家という言葉になれ親しんで育ちました。今、もう一度これらの言葉を思い起こし、この博覧会が、有意義な何ものかを沖縄県民に残すことを切に期待しています》（朝日新聞、昭和五十年七月十八日、朝刊一面）

「払われた多くの尊い犠牲は、一時（いっとき）の行為や言葉によってあがなえるものではなく、人びとが長い年月をかけてこれを記憶し、一人ひとり、深い内省の中にあって、この地に心を寄せ続けることをおいて考えられません」――この言葉の通りに、陛下はずっと昔から沖縄に心を寄せ続けて来られた。

そのことを示しているものの一つが、この初の沖縄御訪問の際に詠まれた歌である。二首あって、一つは、

戦火《いくさび》に焼き尽くされし摩文仁が岡みそとせを経て今登り行く

沖縄戦の組織的戦闘としては最後の激戦地となった摩文仁の丘、米軍の艦砲射撃で一木一草もなくなるほど一面焼き尽くされた摩文仁の丘を、戦後三十年経った今、登っていく、という歌だ。

そしてもう一首、次のようなお歌も詠まれている。

摩文仁の丘

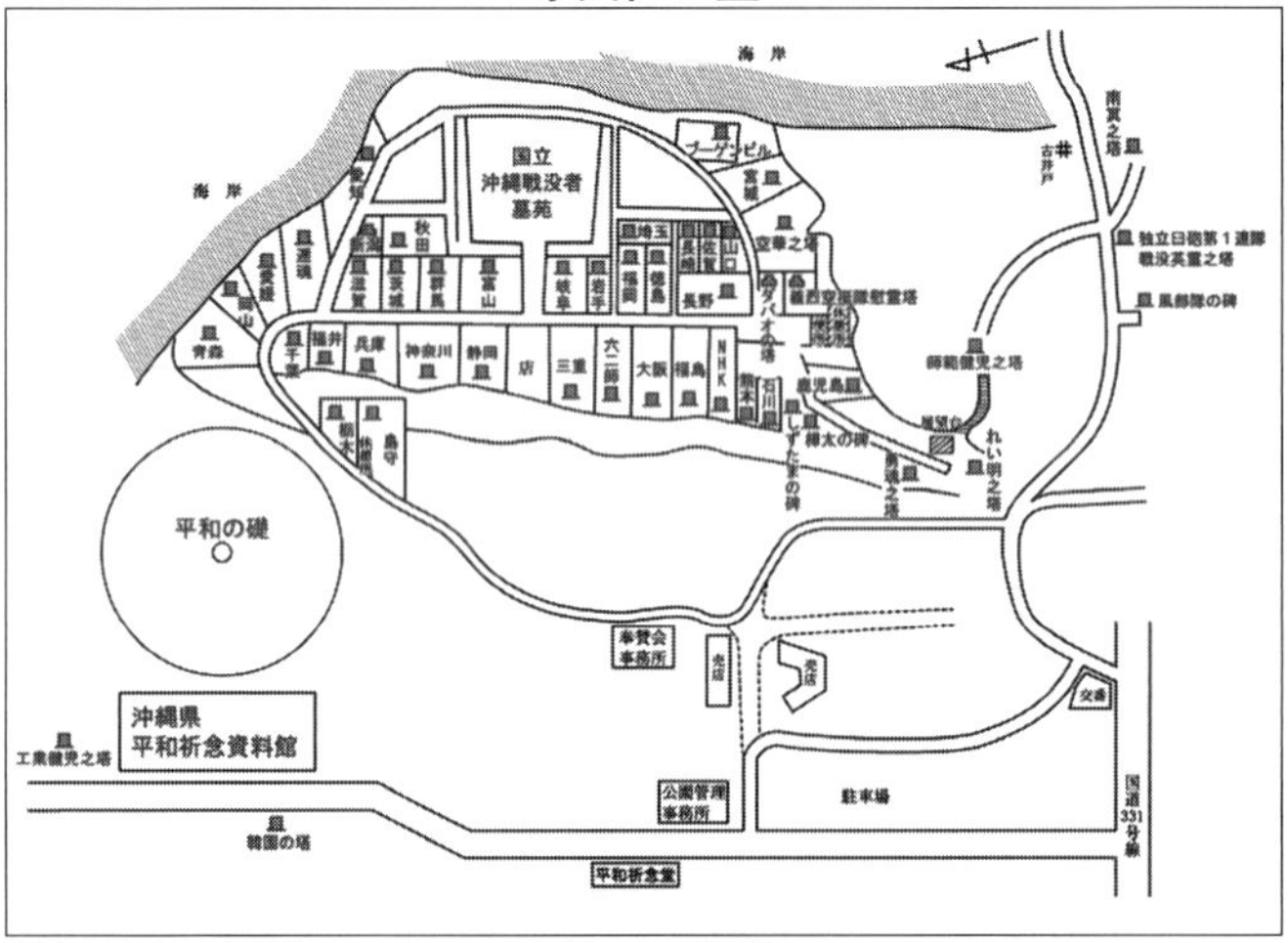

（沖縄平和祈念資料館ホームページ、摩文仁の丘慰霊塔の地図より）

戦ひに幾多の命を奪いたる井戸への道に
木々生ひ茂る

実は、この歌には大きな秘密がある。

摩文仁の丘というのは珊瑚《さんご》や貝類などが堆積してできた石灰岩堤なので、水がない。唯一、水が湧く小さな井戸が摩文仁の丘を海岸の方に降りたところにあった。

摩文仁の戦闘で、壕の中に立てこもった日本軍は烈しい艦砲射撃を受けていた。真夏の六月、蛾《が》や蚊《か》やムカデが山ほど出る蒸し暑さの中、食物も水もないところに負傷者がどんどん増えていく。瀕死《ひんし》の負傷者に末期《まつご》の水を飲ませるためにも、動ける者が命をつなぐためにも水が必要だが、水はその井戸にしかない。しかし、井戸は艦砲射撃をしてくる米軍から丸見えの位置にあった。

戦闘要員として動員された、鉄血勤皇隊という十四歳から十七歳の少年学徒兵たちが五人くらいでチームを組んで水を汲みに行くと、たちまち艦砲射撃にやられてしまう。戻って来られるのはせいぜい一人か二人という決死の往復である。

「戦ひに幾多の命を奪いたる井戸への道」とは、そういう意味なのである。

その井戸へ下りる丘の斜面は、昭和五十年当時、皇太子だった陛下が行かれたときには草茫々《ぼうぼう》で井戸がどこにあるかもわからなかった。しかし陛下は、この井戸に行きたいと言われた。

草がうっそうと茂っている中に過激派が潜んでいるかも知れない。それでも陛下は行かれた。

私はこれまで十回ほど、五十人ほどの参加者を案内して沖縄戦跡を回るツアー・ガイドをしたことがあるが、この井戸のことを知っている人はまずいない。だが陛下は、水を求めた兵士や住民がこの井戸の回りで大勢斃《たお》れていったことを御存知だった。沖縄戦の歴史を深く学ばれ、沖縄戦の個々の体験者の話を聞かれていたからだ。

火炎ビン事件の一カ月後、陛下はこのような発言をされている。

《火炎びん事件や熱烈に歓迎してくれる人達……こうした状況は、分析するものではなく、それをあるがままのものとして受け止めるべきだと思う。沖縄の人は歴史的にみても、刀狩りをするなど、平和に生きてきた人達だ。気持ちとしては、また行ってみたい》（昭和五十年八月二十六日、記者会見）

火炎ビン事件の犯人の一人は沖縄の青年だった。そうした事実をも受け止めつつ、沖縄の人々への信頼を揺るがせることをしない。お心の芯にある剛毅《ごうき》の滲《にじ》み出るお言葉である。この年のお誕生日前会見でも沖縄に触れて、こう語られた。

《気になるのは、沖縄には他の地域と違った歴史、文化があるのに、学校教育の中にほとんどそれが入っていないことです。将来学校教育の中に入れるべきだと思います。沖縄の歴史は心の痛む歴史であり、日本人全体がそれを直視していくことが大事です。避けてはいけない。（しかし現実は）琉球処分の時代から戦後の復帰まで、私達はあまり学んできたとはいえない。海洋博が沖縄を学ぶことの導火線になればと思います。これからも機会があれば何回も行きたい》

さらに昭和六十二年には、次のように語られている。

《このたびの海邦国体、かりゆし大会では本土から大勢の人々が訪れますが、沖縄の人々の痛みを分かち合うようになってほしいものと思っています。それが本土復帰を願った沖縄の人々に対する本土の人々の道であると思います》（昭和六十二年八月十八日、夏の定例会見、文書回答）

陛下が言われる「沖縄の人々の痛み」とは、先述の田島さんの話に代表される、沖縄の地上戦での犠牲にとどまらない、戦後も復帰後も沖縄の人々が抱えてきたいわく言い難い辛さだ。田島さんの語った経験は、単に田島さん個人のことではない。多くの沖縄の人々が味わってきた痛みだ。

「沖縄で殿下の悪口を言う人はいない」

昭和五十年に陛下が沖縄を訪問されたとき、本土では戦後三十年経っていて、「もはや戦後ではない」と言われてからもすでにかなり久しかった。

だが、沖縄は復帰してからわずか三年、占領下の記憶は生々しかった。復帰後も米軍基地はそのまま残り、米軍に頼って食べていかざるを得ない人も少なくなかった。

田島さんは、復帰後も米軍の沖縄駐留を支持した自民党に対しては、「何だ、こいつらは」という思いがあったという。だが、皇室への思いは違った。

「昭和五十年当時は、摩文仁の丘の裏手の海岸にはまだ遺骨がいっぱいで、砂浜を掘ると遺骨が出てくるような状況だった。そういうところへ皇太子殿下（当時）は何度も何度も行って、沖縄の歴史や人々の思いを理解しようとされている。殿下は本当に、本気で沖縄のことを理解しようとされている。だから、沖縄の人で殿下の悪口をいう人は本当にいない」と田島さんは語った。

在日米軍基地で働く人たちの組合、沖縄駐留軍労働組合（沖駐労）の幹部からも、田島さんと同じような話を聞いている。沖縄の人が米軍基地で働くことについて、その幹部はこう語ってくれた。

「江崎さん、私も子供の時、戦火の中を逃げ惑い、米軍の攻撃で両親を殺されています。残念なのは、殺された場所にその後行っても、遺骨が見つからなかったことです。未だにお墓は空っぽです。

でも、我々はそれでも生きていかないといけない。生き続けるために、沖縄の米軍基地で働くという選択を、私はせざるを得ませんでした。食べていける仕事の選択肢は、あまりなかったのです。

沖縄を捨てて本土に行ったほうが楽かもしれないという気持ちはありました。そうすれば、親を殺した米軍を相手にして生きるという苦しみと向き合わなくてもすみますから。だけど、未だに見つからない両親の遺骨は、この沖縄のどこかにあるのです。両親の遺骨が沖縄にある以上、せめて両親とともに行きていくことが親孝行だと思って、沖縄に居続けているのです」

米軍の人々に対してはどう思っているのかというと、「いや、米軍の連中はみんないいやつですよ」と言う。世代ももう違うし、自分の両親を殺した連中ではない。米軍を恨んでいるということはない。「でもやっぱり、できるならば、自衛隊の基地で働くようにしてもらったほうが、いいわなあ」と、沖駐労のその幹部は言った。

そういう複雑な気持ちを心の中にしまい込みながら生きている人たちが、沖縄には大勢いるのである。だから、「米軍基地反対」という訴えに呼応してしまうことにもなるのだ。

それに対して、安全保障を理解していないとか、中国の工作にやられていると批判する人がいる。現実にそういう側面がないとは言えないし、批判するなどと言いたいわけではない。

だが、陛下の一貫した言い方は、まずはそういう沖縄の、激しい地上戦で膨大な犠牲者を出し、その後も米軍の占領下で生きてきた人々が心の中に抱えている痛みや辛さを知り、理解して、その上でどう対応したらいいかを考えるべきではないのか、ということなのだ。

終戦記念日、広島、長崎の原爆投下の日、および六月二十三日の沖縄戦終結の日を「日本人が記憶しなければならない四つの日」として、陛下が毎年黙祷を捧げられていることはよく知られている。陛下は皇太子時代から、沖縄戦終結の日が終戦や原爆の日に比べて忘れられがちなことを憂えられていた。

《**殿下**　地上で戦争が行われたのは日本全土の中で沖縄だけですね。屋良《やら》知事がいってましたけれども、沖縄の人は三人に一人が亡くなっている。沖縄には伊江島っていうのがありますね。あそこでは二人に一人という話を聞いたんですけど、そういうことを考えれば決して広島、長崎にひけをとらない大きな犠牲ではないでしょうか。一般人を地上の戦闘に巻き込んでいるいくさですね。

さっき黙とうするっていいましたが、これは原子爆弾の落ちた時ということになっていますけれども、この（沖縄の）場合はそういうことがないわけですね。ですから、その日に黙とうすることにしているわけなんですが、ただ、私なんかどうしても腑《ふ》に落ちないのは、広島の時はテレビ中継がありますね。それに合わせて黙とうするわけですが、長崎は中継ないんですね。やはり同じような被害を受けたわけだから、当然同じに扱われるべきものなんじゃないかと思うんですけれども。

それから沖縄戦も県では慰霊祭を行っていますが、それの実況中継はありませんね。平和を求める日本人の気持ちは非常に強いと思うのに、どうして終戦の時と広島の時だけに中継をするのか。どういうわけですかね。

記者　たしかに全国的な催しとしては、沖縄は忘れられていることがあります。そういうことのないようにしたいものです。

殿下　ぜひそういうふうに皆さんの力でやっていただきたいと思いますね》（昭和五十六年八月七日、夏の定例会見）

現在では長崎と沖縄も中継されるようになった背後には、陛下のこのようなお言葉の影響があったのかもしれない。

また、陛下は昭和六十二年にも次のように語られている。

《広島・長崎は原爆のため印象的でよく知られていますが、沖縄は逃げ場のない島で、たくさんの人が死んだのに、本土の人達の視野から落ちがちです。また、青函《せいかん》トンネルや瀬戸大橋の完成で北海道と四国は本土とつながりますが、そうなると沖縄はますます遠く離れた島になってしまうのではないかと心配です。

常にその視点に立って、一部の人達だけでなく日本人全体が、復帰を望んだ沖縄の人の心情を理解していかなければならないと思います》（昭和六十二年八月十八日、夏の定例会見、文書回答）

沖縄が「ますます遠く離れた島」にならないように、国民全体が沖縄の人々の心情を理解するように、陛下はずっと戦ってこられたのである。

沖縄の文化と歴史を真摯に学ばれる理由

戦争のことだけではない。陛下は沖縄の文化と歴史に関心を持ち続けて来られた。陛下が琉歌《りゅうか》をお詠みになることも現在ではよく知られている。琉歌とは沖縄諸島に昔から伝わる、八八八六を基本とする短詩型だ。

陛下は初めての沖縄御訪問で火炎ビン事件に遭《あ》われた翌日にハンセン病療養所・沖縄愛楽園

を御訪問になり、そのときの思い出を琉歌にお詠みになっている。予定には入っていなかったが、両陛下の御希望で実現した御訪問だった。

だんじょかれよし《ダンジュカリユシ》の《ヌ》歌声《ウタグイ》の《ヌ》響き《フィビチ》見送る《ミウクル》笑顔《ワレガウ》目《ミ》に《ニ》ど《ドゥ》残る《ヌクル》
だんじょかれよし《ダンジュカリユシ》の《ヌ》歌《ウタ》や《ヤ》湧上が《ワチャガ》たんゆうな《タンユウナ》咲きゆる《サチュル》島肝《シマチム》に《ニ》残て《ヌクティ》

両陛下は愛楽園で亡くなった人々のための納骨堂に供花され、施設内を回って入所者に親しく声をかけられた。お帰りのとき、動き回ると危ないからというので廊下からお見送りしていた盲人会の人たちが、御訪問のお礼にと「だんじよかれゆし」を歌ったのである。「だんじよかれゆし」とは、沖縄に古くから伝わる、お祝いや安全な旅立ちを祈る船出歌である。両陛下は炎天下にお立ちになったまま、歌の終わりまで聞き入っていらっしゃったという。「見送る笑顔目にど残る」というのはこのときの情景であろう（松井前掲書）。

陛下は後日、一首目の琉歌を愛楽園に御下賜され、入所者たちはそれを琉球古典の節に乗せて歌ったものを録音して東宮御所にお届けした。入所者たちが「陛下の琉歌のための節があれば、それで歌いたい」と言っていたことを聞かれた陛下は皇后陛下にお伝えになり、皇后陛下の作曲で節がつけられた。

こうして生まれたのが「歌声の響」という歌である。作曲家で指揮者の山本直純《なおずみ》氏が伴奏をつけ、「二番の歌詞があれば」と提案したのに応じられて陛下が二首目の琉歌をお詠みになられたという（同前）。

陛下は最初、沖縄学の第一人者である外間守善《ほかましゅぜん》氏がまとめた古代歌謡集『おもろさうし』と『琉歌の研究』（見里朝慶著）で琉歌を学ばれ、三百首近くお詠みになっていた。その後、見里朝慶氏の妹の見里春さんを師匠として昭和五十二年から三年間学ばれている（田中和子「天皇の道」『祖国と青年』平成十一年十一月号）。

昭和五十年の初の御訪沖で詠まれた琉歌には、次のものもある。次のもの「も」というより、これらの琉歌のほうが「だんじよかれよし」より広く知られているかもしれない。

花《ハナ》よ《ユ》おしやげゆん《ウシャギユン》 人《フィトゥ》知らぬ《シラヌ》 魂《タマシイ》 戦《イクサ》ないらぬ《ネラヌ》世《ユ》よ《ユ》肝《チム》に《ニ》願て《ニガティ》
ふさかいゆる《フサケユル》木《キ》草《クサ》めぐる《ミグル》 戦《イクサ》 跡《アトゥ》くり《クリ》返《カイ》し《シ》返《ガイ》し《シ》思ひ《ウムイ》かけて《カキティ》

第一首は、「花を捧げよう、人知れず亡くなっていった御霊に、戦争のない世界を心から願って」、第二首は、「生い茂る草や木の間の戦跡をめぐったことよ、戦争のことを繰り返し繰り返し思いながら」という歌だ。

この第二首「ふさかいゆる木草」の琉歌は、毎年六月二十三日の沖縄戦終結日の前夜祭で歌われている。

陛下が沖縄の文化と歴史をこのように真摯《しんし》に学ばれる理由を、沖縄初御訪問の年の誕生日前記者会見で語られている。

《沖縄が教科書にどの程度出ているのか、この春調べてもらったが、非常に少ない。「おもろそうし」など文学として取り入れたら、と文相に話したこともあります。沖縄の百万の人と他の地域の人と共通の基盤があれば、話し合いの基になる。その基礎がないと理解ができてこない。

皇室も、現代よりそのへてきた歴史が大事で、沖縄も同じ事がいえる。歴史はいろいろな見方があってむずかしいが、学校では動かない部分を教えるべきだ。外国へ行っても、その国のへてきた歴史を知ることが重要です》（昭和五十年十二月十六日、四十二歳のお誕生日前の記者会見）

同様に、昭和六十二年にも次のように語られた。

《**記者**　殿下は「おもろそうし」など沖縄文化に造詣《ぞうけい》が深いと聞いていますが、沖縄文化を学ばれるようになったきっかけは。

殿下　奄美大島へ行った時です（註　昭和四十三年四月）。奄美は沖縄の文化圏ですから。歴史について宮城栄昌《えいしょう》横浜国大教授から、文学について外間守善法政大学教授から話を聞きました。

記者　「おもろそうし」を勉強されるなど並大抵のご関心ではないと思われますが。

殿下　沖縄の復帰に当たり、沖縄の人々を迎える本土の人々にとって、沖縄の歴史と文化を理解することが大切だと考えたことが大きな理由です。沖縄の歴史とか文化が沖縄の人々だけに知られているのではなく、日本の歴史や文化の一部として本土の人々にも共通して知られていることが望ましいと考えたからです。

本土の人々も沖縄の人々も、万葉集を学ぶように「おもろそうし」の一つや二つの歌を知ることによって、沖縄の古典に対しても共通の認識が生まれると考えています》（昭和六十二年八月十八日、夏の定例会見、文書回答）

復帰するとはどういうことなのか、復帰を受け入れた本土は何をすべきなのかを具体的に、「くり返し」考えて来られたことが伝わってくる御発言だ。

陛下は沖縄の文化の独自性をありのままに大切にしつつ、日本の文化の一部として守り、育んでいくことを考えられている。そのためには自ら沖縄の文化を深く学ばれるだけでなく、本土の人々にも学び理解して沖縄の人々と共通の理解の基盤を持つことを呼びかけられているのだ。

マスメディアの報道の中で、沖縄は得てして、反戦一色で語られがちだ。あたかも反戦イコール反日や反皇室のような構図が強調されてしまうことさえある。

しかし陛下は同じ昭和六十二年の夏の定例会見の中で、こんなやり取りをされている。

《**記者**　沖縄は歴史的にみて、琉球王朝時代をへて、日本の一部となったのは明治以降なので、皇室に対する関心が本土に比較して希薄なように思えますが、その点についてどう思われますか。

皇太子　そうは思いません》

「沖縄イコール反皇室」という誘導とレッテル貼りを、峻拒《しゅんきょ》、きっぱりと拒まれているのだ。

また、琉球王朝のことも皇室と対立するものとは捉えられていない。平成五年、天皇として即位後初めての沖縄御訪問の際、戦火で倒壊した首里城の再建についてこうおっしゃっている。

《きょう、最後の日にあたり、美しく再建された首里城を訪問しましたが、この歴史的建造物が県民の協力と関係者の努力とにより綿密に復元され、琉球国時代の歴史と文化をよみがえらせたことを喜ばしく思いました》

「天皇陛下万歳」が響きわたった提灯行列

この平成五年の天皇皇后両陛下、即位後初の沖縄御訪問のとき、沖縄の神社界や商工会議所などが音頭をとってお迎えの提灯行列をすることになり、私は現地に入ってその準備に携わっていた。

復帰後、本土から大量のサヨク活動家が入り込み、自衛隊が初めて配備されたときには官民挙げての反対運動が激しかった。沖縄に赴任した自衛隊員は住民票を受け付けてもらえず、隊員の子供たちが小学校に入れない深刻な事態が起きたほどだ。

沖縄の地元メディアでも、自衛隊や皇室はずっとタブー扱いされていたと言っていい。だから、両陛下御訪問の準備などといったらさぞかし反発されるのではないかと思っていた。

ところが実際に地元の町内会長さんたちに会って話をすると、どこでも、「ああ、そういうことをしていいんだ！」という反応だった。商工会議所が中心になってやりますと言うと、「それはいいことだね」と、大喜びされた。そして、町内会向けにぜひ提灯行列についての説明会をやってくれという。

そこで町内会を回り、なぜ天皇陛下が沖縄に来られるのか、なぜ商工会議所が歓迎の提灯行列をやろうと思ったのか、そもそも提灯行列とはどういうものか、費用はどうするのかなど、説明会を開いて質問に答えていった。

説明会でわかった地元の人たちの声は、こういうものだった。

提灯行列での歓迎行事をするのはいいことだ。

第一に、マスコミは「沖縄」対「本土」という対立を煽《あお》るけれども、自分たちはそんなことは全然思っていない。マスコミが伝える、型にはまった対立構図に対して、それは違うと示すことになる。

第二に、自分たちは自民党が好きなわけではないけれど、日本が好きだから皇室の歓迎をするのはいいことだ。平和を本当に願っている陛下の下でみんなで頑張っていこうというきっかけになるし、何よりも、今の天皇さまは、沖縄戦のことをよくご存じで、本当に沖縄のことをきちんと考えていらっしゃるお方だ。そういう陛下を歓迎することは自民党に与《くみ》することとは違う。

両陛下が沖縄に到着された平成五年四月二十三日には沿道に人々が詰めかけて日の丸の波になり、夜になると、那覇の国際通りは五千人もの県民による奉迎提灯行列で立錐《りっすい》の余地もなくなった。両陛下は御宿泊所のハーバービューホテルの窓から、二十五分間、提灯を振り返して人々の万歳の声にお応えになられた。

ある自治会長さんは「こんなに盛大な提灯行列でしょう。それも両陛下にお応えしていただいて、戦後初めてこれだけ思い切って天皇陛下万歳を叫べて……」と感激を語り、一夜明けた朝に再び沿道の奉迎の列に並んでいたあるおばあさんは、「昨晩、初めて提灯行列に参加して、みんなで天皇陛下万歳を叫んで、あんなに嬉しい日はなかったよ。あのあとお風呂に入って、本当にぐっすり眠れて、昨日からこう気持ちが伸びて大きくなっているんです」と嬉しそうに語った。

「反戦の島」という外から与えられた枠組みの中で、寡黙な沖縄の人々は皇室を慕う素直な気持ちを戦後ずっと圧し殺してきた。しかし、この日は堰《せき》を切ったようにその気持ちをあふれさせることができたのである。

私が沖縄の町内会長さんたちのところを回っていったとき、多くの人が「ああ、そういうことをしていいんだ！」と言ったのは、それまで「皇室を慕う素直な気持ちを戦後ずっと圧し殺してきた」けれど、もうそんなことをしなくてよいのだ、という喜びの声だったのだ。

昼間、奉迎の列の中にいた人々も、口々にこう語った。「過去のことは本土の人が騒いでいるだけじゃないですか」「戦争体験者は戦争のことをよく知っているだけに（天皇陛下を）歓迎の人が多い。むしろ戦争のことをよく知らない若い人の方がマスコミから影響を受けて反対しているんじゃないか」「いつまでも戦争のことを言っていてはダメだと思うんです。平和を願っておられる天皇陛下の下で、私たちは頑張りたいと思っているんですよ」

マスコミが決して報じない沖縄県民のこうした素直な声をどれほど聴いたことだろうか。

この頃の自民党は、佐川急便事件や金丸信副総裁の脱税容疑での逮捕など相次ぐスキャンダルに揺れ、政治改革を求める世論が高まる一方で、党内の勢力争いも激化していた。自民党が政権から滑り落ちて細川内閣が成立する寸前の時期だった。

当然沖縄でも自民党への不信感は強かった。

しかし沖縄の人々は、政府や自民党とは別に、「日本の象徴」として皇室があると受け止めていた。自民党は歓迎しないけれども、日本イコール自民党ではない、皇室が日本なのだ、という捉え方だった。

沖縄で私が実感させられたものは、党派の政治とは次元の違う、皇室の底力であった。

第九章　災害大国を癒やす力

四十回を超える被災地御訪問

平成の三十年間で、天皇陛下による被災地御訪問は二十一都道府県、計四十回を超える。天皇皇后両陛下が被災地を御訪問され、避難所の床に膝《ひざ》をついて、被災した人々と目と目を合わせて親しくお話しされる様子は今では国民の眼に親しいものとなったが、こうしたお見舞いの形は歴代天皇で初めてのことである。

御即位後最初の被災地お見舞いとなったのが平成三年の島原御訪問である。雲仙普賢岳《うんぜんふげんだけ》の噴火によって有史以来最大の火山災害となった島原半島に、飛行機と自衛隊のヘリコプターを乗り継いでかけつけられた天皇皇后両陛下は、仮設住宅や旅館や体育館など、避難所を次々に回られた。体育館ではスリッパをすすめられても履《は》かず、床に両膝《ひざ》をつき、避難してきた人々と同じ目線で手を握り、励まされた。

ある被災者は「私たちは畳の上で、陛下が床にお座りになってお励ましくださった……あの尊いお姿は終生忘れません」と語っている。

両陛下が被災地を御訪問される際は、災害発生後、二週間からひと月ほど経って現場の初動対応が一段落したタイミングを見計らい、現地の負担にならないよう日帰りの強行軍でいらっしゃっている。

たとえば東日本大震災のときも次のように七週間連続で被災地を回られたが、すべて日帰りだった。

平成二十三年三月三十日　東京都（足立区）
四月八日　埼玉県（加須市）
四月十四日　千葉県（旭市）
四月二十二日　茨城県（北茨城市）
四月二十七日　宮城県（東松島市／南三陸町／仙台市）
五月六日　岩手県（花巻市／釜石市／宮古市）

五月十一日　福島県（福島市／相馬市）

被災地御訪問に際しては、その前に必ず災害の状況について関係者から御説明をお聞きになっている。この七週間連続の被災地御訪問でも、合間を縫《ぬ》って関係省庁や医療関係者、専門家の御説明をお聞きになったり、活動状況を御聴取になった。この七週間およびその前後を含めて、御説明・御聴取の回数は十五回に及ぶ。

災害地が復興するまで見守り続ける

このように両陛下が日帰りで被災地にかけつけられ、床に膝をついて一人一人の被災者に親しくお声をかけられるというのは、それだけでも尋常でないすごいことだ。だが両陛下が被災地にお心を寄せられるのは、災害が起きた「そのときだけ」ではない。

両陛下は被災から復興まで長期間にわたり、一貫して被災地を見守られているのである。復興の様子を御自分の目で確かめ、人々を慰労し励ますために、災害発生から数年経った頃に、多くの被災地を再度訪問されている。

たとえば島原の場合、陛下は噴火から四年後の平成七年に再度御訪問され、次のような御製を詠まれた。

四年余も続きし噴火収まりて被災地の畑《はた》に牧草茂る

さらに三年後の平成十年、高田勇長崎県知事を御所にお呼びになり、その後の復興状況を御聴取になっている。

また、平成五年に地震による津波で大きな被害を受けた北海道の奥尻島《おくしりとう》には、陛下は発災から二週間後に御訪問されて現地の被害の様子を御覧になり、被災者と直接お言葉を交わされた。

その五年後の平成十年、陛下は堀達也北海道知事を御所にお呼びになり、復興状況をお聞きになった上で、平成十一年年頭に次の御製をお詠みになっている。

奥尻島の復興状況を聞きて

五年の昔の禍を思ふとき復興の様しみてうれしき

陛下は、五年前の奥尻島の光景や人々の顔をずっと記憶に留められ、その後どうなったかと心を寄せ続けておられたに違いない。「しみてうれしき」という言葉には、奥尻島の人々を案じ続けたお気持ちが滲《にじ》み出るようである。

　平成十一年の年頭にこの御製をお詠みになったあと、陛下は同年八月十九日に再び奥尻島を御訪問された。復興の状況を視察され、人々と親しくお話しされて、五年間の苦労を労われ、励まされた。

　阪神淡路《はんしんあわじ》大震災で被害が大きかった兵庫県にも、噴火で全島避難が行われた三宅島《みやけじま》にも災害発生から数年後に再訪問されているし、東日本大震災の被災地には、震災翌年の平成二十四年から平成三十年まで毎年欠かさず御巡幸され、復興状況を御視察されている。

　災害が起きた直後には連日のように被災地の状況が報道され、全国の関心が集まって募金が行われたり、ボランティアが集まったりするが、半年か、長くても一年もするとどうしても世間の関心は薄れてしまう。

　苦闘を続けている被災地の人々にとって、自分たちの苦しい状況が忘れられ、取り残される疎外感・孤独感はどんなに大きいことだろうか。

　だが、陛下の被災地への御関心は災害発生から数年経っても薄れることがない。被災地の苦しみ悲しみに思いを致され続け、その後の状況はどうなったか、人々はどれだけ元気を取り戻したか、どこまで復興したかを案じ続けられるのである。

実際に災害に対処し、復興に取り組むのは政治家や官僚の仕事だが、総理大臣といえども災害発生の五年後や六年後まで被災地に関わり続けることは難しい。

そもそも歴代内閣で五年以上の長期政権は稀《まれ》であり、政治的対応はどうしても短期的なものにならざるを得ない。

政治がどのように変わろうとも、被災者の苦労はずっとその土地で続いていく。

短期的な政治の対応では乗り越えられない被災者の苦しみに対して、皇室はずっと変わらずに心を配り続けるのである。

政治家や官僚とは別に、災害発生から復興までの長い道のりを、文字通り「国民と苦楽をともにして」見守り、支え、励まし続ける皇室という存在が日本にはあるのだ。そのありがたさを理解している国民がどれほどいるのかは疑問だが。

大災害のあとの復興という難事業に指導者として立ち向かわなければならない政治家も、皇室によって励まされ、勇気を与えられてきた。

阪神淡路大震災の復興にあたった貝原俊民・前兵庫県知事は、こう述べている。

《「大変なご苦労があると思いますが、被災地の復興のために努力されることを期待します」というお言葉をいただきました。そのとき、私は改めて責任の重さを感じ、身体が熱くなりました。……正直いってこの地域はこのまま衰退していってしまうのではないかという不安が心の中にずっとあったわけです。そのときに陛下からこのようなお言葉をいただき、国民みんなの「しっかりせよ」という励ましをいただいているということを感じ、改めて困難に立ち向かう決意をした次第です》

苦しみ、悲しみを受け止め続ける

日々の生活や雑事に追われていると、人の苦しみや悲しみを受け止めるのが難しいのが常だ。家族が何か話を聞いてほしそうにしていても、つい「今、忙しいから」と言ってしまいがちではないだろうか。一緒に暮らしている大切な家族に対してですらそうなのだ。

大きな災害が起きると、数々の胸を抉《えぐ》られるような悲劇が生まれる。

阪神淡路大震災のあと、焼け焦げた瓦礫《がれき》の中から母親の遺骨を拾い出して集めていた少年。母親が壊れた建物の下敷きになってしまって救い出そうとしたが、火の手が迫ってどうにもならず、「お母さんのことはもういいから早く逃げて！」と母親に促され、断腸の思いでその場を離れた父親と子供。東日本大震災のとき、自宅の二階に避難していて、目の前を「助けて」と叫びながら隣家のおばあさんが流されていくのをなす術《すべ》もなく見送らざるを得なかった女性。遺体の損傷がひどく、かろうじて足の爪で中学生の息子だと確認した両親……。

だが、日常の中で新聞やテレビを見ているだけでは、身の周りのことに追われ、かけがえのない人を失った被災地の人々の絶望や苦しみをともにするところまではなかなか行かない。

陛下が現地にかけつけられるのは、実際に被災者に会って、その苦しみ・悲しみを受け止めることが「国民と苦楽をともにする」ことである、それが国民統合の象徴としての皇室の役割であるとお考えだからだ。

平成二十八年八月八日に発表された「象徴としてのお務めについての天皇陛下のおことば」の中で、「私はこれまで天皇の務めとして、何よりもまず国民の安寧と幸せを祈ることを大切に考えて来ましたが、同時に事にあたっては、時として人々の傍《かたわ》らに立ち、その声に耳を傾け、思いに寄り添うことも大切なことと考えて来ました」と陛下はおっしゃっている。

人の悲しみを受け止めることはすさまじく精神的なエネルギーを必要とする。

だが陛下は、国民みんなに対してそれを実行し続けようとされている。身近な家族に対してすら寄り添うことができない人が大勢いるのに、また、現場に行って、いわく言い難い苦しみを抱えている人たちに向き合うだけでも大変なのに、そこから先も長い間、ずっと心を寄せ続け、悲しみを受け止め続け、寄り添っていかれる。

その精神力はすさまじいばかりだ。

また、人々の悲しみ・苦しみや苦しみに対する、陛下の受け止め方は通り一遍のものではない。雲仙普賢岳噴火の直後に島原を御訪問されたときのことを、陛下は、こう詠まれている。

人々の年月かけて作り来しなりはひの地に灰厚く積む

人々がずっと先祖代々作ってきた畑や森が火砕流によって一瞬にして全部なくなってしまったということ、現在陛下の目の前にいる人たちの努力の結晶というだけでなく、その人たちの先祖が築き上げてきたものも失われた悲しみまで理解しようとされている。今、生きている人たちが、過去にその地に生きた先祖の営みを背負っていること、噴火災害による「なりはひの地」の喪失は営々と重ねられてきた歴史の喪失でもあるということ――陛下はそこまで思いを致そうとされている。

イギリスの保守政治家、エドマンド・バークは、政治は、これまで生きてきた人たち、これから生まれてくる人たち、今、生きている人たちの三世代のことを考えなければならないと指摘している。その観点から見ると、民主主義には「今、生きている人にしか投票権がない」というという最大の欠陥がある。

この欠陥を是正するためには、過去の世代と未来の世代をきちんと考えなければならないとバークは言うのだが、政治の中に、それを確実に行う仕組みは残念ながら存在しない。個々の政治家の中には過去と未来の世代を考えることを心がけている人はいるが、あくまでも個々の政治家の価値観と努力に任されているのであって、システムとしては存在していない。

しかし、皇室が、国民統合というときの「国民」は、「今、生きている人」だけではなく、「過去に生きていた人」と「これから生まれてくる人」も含まれている。だから、雲仙普賢岳噴火の御製には、今、目の前で生きている人だけでなく先祖代々の人々の営みも詠み込まれているのだ。

今、生きている人だけを見るのではなく、過去の世代と未来の世代と、三世代を視野に入れ、長く見守り続け、心を寄せ続けることで、皇室は国民の統合を果たされている。だから、被災地御訪問に陛下が来られるとき、「皇室は本当に自分たちのことをわかってくださっている」「自分たちが背負ってきたものも含めて理解してくださっている」という感動があるのだ。

行政の手の届かないところに手を差し伸べる

皇室と障害者や高齢者への福祉や医療との関わりの歴史は長い。

昭和四十年から、国民体育大会と併せて「身障者スポーツ大会」を行うよう提案されたのは皇太子時代の陛下だった。

東京オリンピック後の昭和三十九年に東京でパラリンピックが開催されたが、両陛下はその運営から資金面に至るまで支援された。パラリンピックの期間中、連日選手を激励された陛下は、大会終了後、関係者を東宮御所に招いて慰労され、その席で、こう述べられた。

《日本の選手が病院や施設にいる人が多かったのに反して、外国の選手は大部分が社会人であることを知り、外国のリハビリテーションが行き届いていると思いました。このような大会を国内でも毎年行ってもらいたいと思います》

このお言葉がきっかけとなって、翌昭和四十年から身障者スポーツ大会が国民体育大会と併せて開催されるようになったわけである。

この時期、両陛下は全国重症心身障害児を守る会をはじめとする障害者団体に対しても支援を始められている。同会が昭和三十九年に設立されたとき、親たちは「この子供も人間として生まれた以上、生命ある限り大事に育てよう。その胸中に去来する思いは『自分が倒れた後、誰がこの子を看てくれるのだろう。この子を残しては死ぬに死ねない』という悲痛な心配であります」と訴えた。しかし、重い障害者に対して社会に役に立たないものには国のお金は使えないといわれていた時代だった。

　行政の冷たい対応にくじけそうになっていた同会に手を差し伸べたのが両陛下だった。

　同会の北浦雅子会長は、私のインタビューに対してこう述べている。

「重症心身障害児というのは社会の谷間に置かされていましたから、その社会の谷間でひっそりと生きてきた子供たちを天皇皇后両陛下が温かく見守って下さる、そのことが社会の共感を得る力にもなるわけですよね。例えば、ポール・ニューマンが福祉団体に車を送っていて、我々は天皇陛下に大会にお出ましいただいている写真を添えて申請したら、こういう会なら信用できるといってすぐに頂けた。

　その意味で、天皇皇后両陛下にお出ましいただいて、お母さんたちが涙を流していました。子供たちが世の中から捨てられそうな中をこうして一人の人間として認められるようになってきたわけですからね。社会の谷間でひっそりと生きていた重症児が今日では医療・教育・福祉の三位一体《さんみいったい》の施策が行われ、一人の人間としてその命が守られるようになりました。そのことが親として一番ありがたいですよね」

障害者問題だけではない。両陛下は皇太子時代から平成二十六年までの間に、国内に十四カ所あるハンセン病療養所をすべて御訪問され、すべての入所者と御懇談された。

ハンセン病はかつて不治の病と呼ばれ、感染の拡大を防ぐために患者は強制的に隔離される時代が長く続いた。一九四一年にアメリカで特効薬プロミンが発見され、隔離の必要がなくなってからも、強制隔離を基本政策とする「らい予防法」が維持されてきたからだ。

昭和三十八（一九五三）年に東京で開催された国際ハンセン病学会では日本の強制隔離政策が批判されたにもかかわらず、長い法廷闘争を経てようやく強制隔離政策の誤りを政府が認め、患者側と和解が成立したのは、それから四十八年も経った平成十三（二〇〇一）年のことだった。

それから四年後の平成十七年三月、厚生労働省がハンセン病問題の調査と検証を委託した第三者機関「ハンセン病問題に関する検証会議」が最終報告書を発表し、その中で、皇室、特に貞明皇后とハンセン病の関わりに言及して「患者は皇室の権威を借りて排除された事実も指摘しなければならない」と批判した。

昭和二十六年に崩御した貞明皇后の救癩事業を記念し、癩予防協会の事業を引き継いで昭和二十七年に設立された藤楓《とうふう》協会についても、「皇族の『仁慈』を全面に出すことにより、人権意識に目覚め隔離政策に反対する患者を抑え、あくまでも同情される存在であり続けさせること」が役割であったと糾弾している。

《当時の宮内庁関係者は「皇后さまは報告書の皇室の部分に言及されたことがある。皇室としてハンセン病にどう向き合うかを考えられたのではないか」と話す。

報告書提出後に御所を訪れた療養所園長の一人は皇后さまからこう聞いた。「私は療養所をお見舞いすることしかできません」。重い言葉だった》（「考・皇室」毎日新聞、平成二十九年五月二十九日、東京朝刊）

報告書が出されたのと同じ年の十月二十三日、岡山県での第六十回国民体育大会への御臨席のために岡山県を行幸啓された天皇皇后両陛下は、国立ハンセン病療養所・長島愛生園を御訪問された。

『天皇陛下がわが町に』によると、愛生園で生活するハンセン病患者たちは、長く続いた政府の不作為に対して、当然の怒りを抱えていた。両陛下の御訪問についての取材のために訪れた学生たちは、長島愛生園入所者自治会総務委員長の谷本静夫さんから話を聞いて、次のように述べている。

《谷本さんは、ご自身の過去の苦悩を語られた後、「やはり本当のこと（＝ハンセン病が感染する病でないということ）がわかったら、そのことをきちんと伝え、その上でとるべき道をとるのが人間の本道だと思う」と述べられるなど、言葉の端々《はしばし》からハンセン病に対する政策を誤った政府への憤りが窺えた》（松井嘉和監修、全日本学生文化会議編『天皇陛下がわが町に』明成社）

しかし、谷本さんの政府に対する気持ちと、長島愛生園を御訪問された両陛下への気持ちは違っていた。

《陛下は、複雑な問題の絡み合うハンセン病の歴史をどのように受け止めておられるのだろうか、と考えていた私に、谷本さんはもう一つのエピソードを紹介してくださった。愛楽園《ママ》にご到着になった両陛下が真先に向かわれたのは、この施設で亡くなられた方々の納骨堂であったという話だ。昭和九年に造られた納骨堂には、長島愛生園で亡くなられた約三千五百柱の御遺骨が納められている。両陛下は、納骨堂の前でそっとお手を合わされ、黙祷を捧げられた後、献花をなされたのだという。真先に納骨堂で献花をなされる姿に、ハンセン病患者の方々が受けてきた苦しみを受け止められる両陛下の深い御心を感じると谷本さんは語った》（同前）

皇后陛下は、ハンセン病患者の人々のための祈りに満ちた御歌をお詠みになっている。

多磨全生園を訪ふ（平成三年）

めしひつつ住む人多きこの園に風運びこよ木の香花の香《か》

南静園に入所者を訪ふ（平成十六年）

時じくのゆうなの蕾活けられて南静園の昼の穏《おだ》しさ

また、平成十九年のお誕生日に際して、皇后陛下は、「この一年国内外で起きたことで、皇后さまにとって特に印象に残ったことをお聞かせください」との質問に対し、「ハンセン病者に在宅介護の道をひらかれた沖縄愛楽園名誉園長の犀川一夫さんを始め（略）懐かしい方々の訃報」を挙げられた。

古くは患者の膿《うみ》を自ら吸い取った光明《こうみょう》皇后に始まり、療養所を支援された昭憲皇太后《しょうけんこうたいごう》や、

つれづれの友となりてもなぐさめよゆくこと難きわれにかはりて

という御歌を各療養所に下賜《かし》された貞明《ていめい》皇后などの救癩《らい》の精神を受け継がれ、皇后陛下は絶

えることなくハンセン病患者やその医療・介護に携わる人々に親しく御心を寄せ続けられている。

政府の不作為による痛みを癒やされる

最後に、天皇皇后両陛下が水俣《みなまた》病患者とお会いになったときのことを紹介したい。

水俣病は工場排水に含まれたメチル水銀が原因で、熊本県水俣湾周辺の漁民を中心に多くの被害者を出した公害病である。

両陛下が水俣を訪れられたのは、平成二十五年十月二十七日のことだった。両陛下と患者たちとの面会の様子を、作家・高山文彦氏の『ふたり』は克明に描写している。やや長くなるが引用しよう。


《汚染されたヘドロと魚介類が封じ込められ、大量の土砂によって埋め立てられた百間港の跡地、いまそこは「エコパーク水俣」と称されて、運動場や植物園、広場を擁する広大な公園に変貌している。お二人は、人工の護岸からヒラメなどの稚魚を放流したあと、もともとは岬の付け根であった丘の上の水俣病資料館に移り、患者たちとはじめて面会した。そして彼らで構成される「語り部の会」の緒方正実会長から、チッソによってもたらされた一家親族全滅にいたる惨劇のありさまと、「正直に生きる」ことに目覚めた緒方正実自身の逃避から再生に向かう個人史に耳を傾けた。

予定では、講話が終われば椅子から立ちあがり、そのまま資料館をあとにすることになっていた。ところが、お二人は立ちあがろうとするそぶりひとつ見せず、椅子に坐ったままでいる。緒方正実は、どうなさったのだろうとハッとして、浮かせかけた腰を椅子にもどした。

万感こもった眼差しを、お二人はまっすぐ緒方に向けている。そして、それからまったく不意打ちのように天皇の口から、のちに「異例」と呼ばれる長い言葉が発せられたのである。

集まった人びとは、患者も資料館の職員も侍従たちも、みなびっくりして聞き入った。

話の内容は、日本近代の過誤の歴史までを射程にいれた現代社会への深い憂慮がにじんでいた。患者たちの長年の苦痛、狂死・悶死をとげていった彼らの遺族への慰藉もさることながら、彼らが懐いてきた、とてもひとことでは言い尽くせぬ重層的な思いをすくいとり、しかもじつに簡潔な言葉でそうした思いを代弁するように述べられたので、とりわけ患者たちは、この恐ろしい公害病に罹って以来、はじめて心から救われたような気持ちに満たされた。

天皇にかけてもらった言葉は、そのままそっくり自分たちの心の底で長い年月、ねんごろに抱いてきた言葉だったからである。（中略）

天皇は、このように述べた。

《どうも、ありがとうございます。ほんとうに御気持ち、察するに余りあると思っています。やはり真実に生きるということができる社会を、みんなでつくっていきたいものだと、あらためて思いました。ほんとうにさまざまな思いをこめて、この年まで過ごしていらしたということに深く思いを致しています。今後の日本が、自分が正しくあることができる社会になっていく、そうなればと思っています。みながその方向に向かって進んで行けることを願っています》（高山文彦『ふたり』講談社）

高山文彦氏の同書によると、「語り部の会」会長の緒方正実氏はあたりさわりのない講話の内容を事前に資料館を通じて宮内庁に送っていた。ところが、熊本県の担当者からこう連絡があったという。

《「天皇皇后両陛下は、このような話をお聞きになろうとは思っておられません。緒方さんが水俣病患者としていちばん苦しかったこと、悔しかったこと、悲しかったこと、そしてご自身のご家族のことをお聞きになりたいそうです」》（同前）

高山氏は、両陛下が前もって水俣病についてはもちろんのこと、緒方氏についても詳しく聞いて御存知だったに違いなく、「上辺をなぞるだけの講話など、被害者本人にしてほしくないと思われたのだろう」と推察している（同前）。

また、両陛下が資料館をあとにする前に患者たち一人一人にお声掛けをされたときにも異例の出来事があったという。

《はじめはお二人そろって十一人のまえに立っていたが、目配せを天皇が皇后にしたと思ったら、そこからお二人は左右に分かれ、列の左の端のほうへ天皇が、右の端のほうへ皇后が歩みだしてゆき、ひとりひとりに声掛けをしながら中心部までもどって来ると、こんどは天皇は列の右側へ、皇后は左側へと声掛けをしながら進み、最後はもう一度中心にそろってもどって来たのである。

「そろそろお時間ですので……」

侍従長は館長の袖を引っ張り、なかなか講話室を去ろうとしないお二人に、あまり話しかけないように語り部たちに言ってくれとでもいうように、焦りだしていた。二度三度と館長に催促をしていたが、

「そろそろお時間となりましたので」

と、そのたびに館長が静かに声をあげるのに、まるで聞こえていないように、切りあげようとしなかった》（同前）

ハンセン病患者もそうだが、水俣病患者も、その病の苦しみに加えて、政府の政策の過誤や不作為でさらに苦しめられるという筆舌に尽くし難い、積年の心の痛みを抱えてきた。その痛みを癒すことは、政治の力だけでは及ばない。そうした政治の限界、行政の手の及ばないところに深く思いをいたし、痛みを癒そうと行動をされてきたのが皇室なのだ。

第十章　敗戦国という苦難

「敗戦国の皇室」から「世界の王室の精神的リーダー」へ

国際社会における日本の皇室の存在感は大きい。

平成二年十一月十二日に行われた即位の礼には各国の元首七十名を含む百五十八カ国、二国際機関が参列し、天皇陛下をはじめとする皇族方が伝統的装束で臨まれた式典は、世界各国の賓客《ひんきゃく》に日本の歴史と伝統の奥深さを印象づけた。

皇室の国際親善は、外交とは次元が異なるものだ。

政治や経済の具体的な問題について国益を懸けてしのぎを削り合い、時によっては交渉を決裂させねばならないこともある外交とは違って、皇室の国際親善は長期的に継続して親善交流を積み重ね、友好関係や信頼の基礎を築いていくことができる。

しかも、外務大臣や外交官、外務官僚は任期に限りがあるので比較的短期間で入れ替わらざるを得ないのとは対照的に、皇室と海外の王室との交際は長い。

天皇陛下は、タイ王室とは五十年以上の交流があるし、ベルギー国王アルベール二世とは国王崩御まで五十九年の交際があった。スペイン国王とのお付き合いも陛下が二十代の頃から続いている。そのスペイン王室との関係について、読売新聞の宮内庁キャップの井上茂男氏が次のように述べている。

《外交関係者によると、日本の皇室と同様、スペイン王室も「国民とともに歩む」という姿勢を基本とし、国王は日本の皇室を手本と考えているそうです。今のフェリペ皇太子は三〇歳だった一九九八年に公賓として来日していますが、「国民との関係が良好な日本の皇室の姿を、できるだけ若いうちに見せたい」という国王の強い思いがあったと聞きました》（座談会「皇室による国際親善活動の歴史とこれから」『外交フォーラム』二〇〇九年一月号）

日本人だけがよく理解していないだけで、天皇皇后両陛下は今や世界の王室の精神的リーダーと見なされているのだ。

陛下は皇太子時代を含めて、平成三十年までに五十九カ国、延べ百二十八回の外国御訪問をされているが、最初の御外遊は昭和二十八年、エリザベス女王戴冠式《たいかんしき》に昭和天皇の御名代として出席するための旅であった。
戴冠式に昭和天皇ではなく、当時皇太子だった陛下が行かれることになったのは、秩父宮殿下のすすめによる。秩父宮殿下は、こうおすすめになったという。

《「戦争後まだ十年にならず、英国人の日本に対する感情も尚むづかしいものがあろうが、東宮様はお子様で戦争には何の関係もないこと明瞭ゆえ、これからさき各国と更《あらた》めて友好関係を深めねばならぬ此の際、他の皇族は皆軍籍にあられたのと比べて、御名代として最適である」》
（ＮＨＫスペシャル取材班『日本人と象徴天皇』新潮新書kindle版）

御外遊は昭和二十八年三月から十月まで、英国を含めて欧米十四カ国に及んだ。陛下は敗戦国の皇室の皇太子として、わずか数年前まで敵国だった欧米諸国と友好関係を築きなおすという重大な使命を背負い、足掛け八カ月間に及ぶ長旅に臨まれた。
英国は日本との戦いで、アジアでの覇権の大半を失っていた。まだ戦争の記憶は生々しく、大衆紙デイリー・エキスプレスの読者調査では歓迎反対論が六十八パーセントを占めていた。

ニューカッスル市・コヴェントリー市・捕鯨団体などが御訪問に反対した。ニューカッスル市議会では日本の皇太子歓迎案の提出に対して労働党が反対の方針を決め、三時間の激論のあと、ある労働党議員が次のように語っている。

《市会の過半数は労働党議員でないもので占められているが、彼らが市として皇太子を歓迎する案を出したのにはわれわれは驚きもし、腹も立てた。ついこの間世界の半ばを生き地獄とした家族と階級の中の一人に、わが市会の指導者たちが頭を下げるような図は見たくないものだ》（朝日新聞、昭和二十八年四月二十二日、朝刊七面）

こういう状況の中に「日本の顔」として出向いて行って、友好関係を築きなおし、信頼を勝ち得ようと務めるのは、想像を絶する胆力と勇気の要ることだ。

山内昌之・カイロ大学客員教授はこう指摘する。

《現天皇陛下が皇太子、明仁親王であられたとき、その後半期から天皇になられたときとは異なって、その前半期においては非常におつらい時代を過ごされたと思います。なんといってもアジア太平洋戦争や昭和戦争ともいうべき第二次世界大戦を経験されました。第一次世界大戦でドイツ帝国が解体し、第二次世界大戦ではイタリア王国が消えていきました。しかし、主要な戦争当時国であり敗戦国であった日本においては天皇制が残ったというのは、歴史的事実として存在しています。かつ他方においては、戦争処理とその後の平和にどう向かい合っていくのかという矛盾しがちな重い課題がある。それに戦前とは違って戦後間もなく皇室、天皇、皇太子がご自分たちだけで立ち向かわざるをえなかったという側面もあります。

一九五三年、現天皇が皇太子であられたとき、英国王室の戴冠式に行かれたのは、一つは昭和天皇の御名代としてであったわけですね。二つ目には英国という戦争相手国ではあったけれども、かつては日英同盟というよしみもあり、実際に昭和天皇が皇太子として訪英された友好期間もあった国との関係修復という意味もあったといえるでしょう。こういう複雑なジグザグを経験した旧敵国に、戦後間もなく行かれたという姿勢は、政治家、外交官、市民ではもちえない独特な勇気と決意の表れではないでしょうか。そこに皇室の国際親善における存在感と堂々たる御振る舞いがあったのだと思うのです》（前掲座談会）

親善活動を大きく二つに分けると、こちらから海外に出かけていく外国御訪問と、皇居で海外の大使や賓客をお迎えになるおもてなしとがある。

外国御訪問に対する陛下の取り組まれ方を、渡辺允《まこと》・元侍従長はこう語っている。

《とにかく、名所旧跡巡りのようなことには関心をお持ちでなく、相手の国の歴史や文化を知り、いろいろな人と会われることを最優先にされるのです。しかも、何事もおろそかにせず、一つひとつの行事を大切に心をこめてなさるので、そのことが、直接お目にかかった相手の人の心を打ち、それが水面に水滴が落ちる時の波紋のように相手の国民の間に広がっていきます。よく経験したのは、ご訪問が始まって日が経つごとに、人々の街頭での歓迎ぶりも、新聞テレビの報道ぶりも、目に見えて親しみと温かさを増していくということでした》（渡辺允「『良き日本』の象徴――天皇皇后両陛下」『外交フォーラム』二〇〇九年一月号）

陛下と皇后陛下の旅先でのお振る舞いが人々の心を打つ様は目覚ましいばかりだ。前述の井上茂男氏は次のように回顧している。

《私は二〇〇五年から天皇皇后両陛下の外国御訪問を取材していますが、市民との交流で強く印象に残っている場面が三つあります。

一つは二〇〇五年五月、ノルウェー御訪問の折のことです。最後にトロンハイムを訪ねられ、目抜き通りで市民と交流されました。通りの両側に二〇〇〇人の市民が並び、真ん中に一

○○メートル以上にわたって赤い絨毯が敷かれていました。ノルウェー側は、両陛下は赤い絨毯の上を歩かれると思っていたようですが、両陛下は絨毯にお構いなく、右へ左へとジグザグに移動して、「ようこそ」「こんにちは」と拙い日本語で大声を張り上げる子どもや市民に声をかけられる。ノルウェー語で「カイセル（皇帝）」と訳される天皇は国王より上位と見られていたようで、感想を聞いた市民は「カイセルは人と話なんかしないと思っていたけど、子どもたちにやさしく声をかけて、全然違った」と興奮していました。

二つ目は二〇〇六年六月のタイ御訪問です。晩餐会に招かれた二十数カ国の王・皇室の賓客がそれぞれ車列を組んで王宮へ入っていったときのことです。タイ国王の生まれた曜日の色ということで沿道は黄色のシャツを着た人たちで埋まり、街のネオンサインも黄色一色でした。その中を各国の車列が次々に通り抜けるのですが、ほとんどの車列の窓は閉まったままなのに、両陛下は国内と同じように窓を開け、身を乗り出すように笑顔で手を振られていました。車列の移動とともにどよめきが近づいてきます。私の前を通られたときも、目を合わせて手を振られました。漫然とではないんですね。袖すり合う縁をも大事にされるというか、訪問先の市民との一瞬一瞬の触れ合いも大事にされていると思いました。

後にタイのラットという新聞が、「賓客の中で最も感銘を受けたのは日本の天皇皇后両陛下」と伝えていましたが、そうだろうなと思いました。

三つめは二〇〇七年五月のバルト三国御訪問です。最後の訪問国リトアニアで両陛下が「民俗祭」を視察されるために広場に入られ、人々に声をかけられると、あちこちから「アーチュー」の声が聞こえました。リトアニアの言葉で「ありがとう」という意味です。集まった人たちが「来てくれてありがとう」と感謝の気持ちを口にしている。両陛下が広場を発たれた後、私は大柄な男性二人に呼び止められ、「あんたは日本人か？　二人は誠実な人たちだ。来てくれてありがとう」と握手を求められました。その表情が何ともうれしそうでした。それでその様子を記事に盛り込み、「初めての訪問が長く人々の記憶に残ることを確信した」という一文を添えて東京に送りました》（前掲座談会）

両陛下の外国御訪問に随行したことのある関係者の回顧録などを見ると本当にこうした話は山のようにあってきりがないほどだ。

国際親善のもう一つの形である、国内でのおもてなしでも、両陛下は暖かく細やかなお心遣いでホスピタリティを発揮されている。

《両陛下は、国の大小や遠近を問わず、一人ひとりの賓客を、心をこめてお迎えになります。そのお気持ちは、細かいところにまで及んでおり、例えば、皇后陛下のご発案で、国賓のため

の宮中晩餐会のテーブルに飾る花の色は相手国の国旗の色合いに合わせるようになっています。（中略）

東京に居る各国大使のご接遇も丹念になさっています。外国の大使が日本に赴任して最初にする仕事は、自分の国の元首から託された信任状を天皇陛下に提出することですが、それから間もなく、両陛下は大使夫妻をお茶にお招きになります。赴任してから三年経つと、今度は昼食にお招きになる。そして、帰任の際にはお別れの表敬をお受けになります。そのほかにも、毎年、新年と天皇誕生日には両陛下にご挨拶をする機会があります。さらに、夏には長良川の鵜飼に、また、冬には埼玉と千葉にある鴨場に招かれ、栃木にある御料牧場でのピクニックもあります。日本の皇室ほど外国の大使を厚く遇している王室はほかにないと思いますが、これが、各国の大使を通じて、日本という国の親切さ、丁重さのイメージとして広がっていきます》（渡辺允「『良き日本』の象徴――天皇皇后両陛下」『外交フォーラム』二〇〇九年一月号）

反日感情が高まるオランダとイギリスとの和解

昭和四十六年の九月から十月にかけて、昭和天皇・香淳《こうじゅん》皇后両陛下はヨーロッパ七カ国を御訪問された。訪問先の王室や政府から歓待を受け、沿道には大勢の歓迎の人々が集まったが、イギリスとオランダではかつて日本軍の捕虜だった人々を中心に抗議行動が行われた。

オランダでは御訪問前から世論の反発が強かった。

《オランダには、第二次世界大戦中の日本軍の捕虜や強制収容された人が家族を含め30万人いると推定され、関係団体は主なものだけでも「海外領土旧捕虜連盟」をはじめ8団体を数えた。このため、2月23日に天皇訪欧が発表されると、反対論が新聞に一斉に噴き出した。これらの新聞は、社説で「かつての被害者の声を無視して受け入れた政府は軽率」「天皇の名には依然として恐怖の響きがある」と記し、捕虜連盟会長の「ヒロヒトはここでは生命を保障されない」というインタビューや「収容所の犠牲者に対する侮辱」といった投書を多数掲載した。一方、「天皇は終始平和主義者であり、たとえ公式訪問であっても反対しない」と賛成する新聞もあったが、「主要十二、三紙のうち四紙が社説で反対、二紙が支持」という状態であった》（古田尚輝「昭和46年天皇訪欧とマス・メディア」『成城文藝』二四〇号）

実際にオランダ御訪問中には天皇皇后両陛下のお車に魔法瓶《びん》が投げつけられたり、在外邦人のレセプション会場となったホテル・オークラの前で抗議のプラカードが掲げられたりした。またイギリスでは王立植物園に昭和天皇が植樹された杉の木が翌日切り倒されるという事件も起きている。

こうした状況を受けて、昭和天皇は御帰国後、次のようなお言葉をお述べになった。

《「このたびの旅行は関係諸国の友好親善のため意義深いものがあったと思います。……五十年ぶりに思い出の多い地を訪れたこともまことに感慨深いものがありました。……この旅行を省みるとき、真に国際親善の実をあげ、国際平和に寄与するためには、なお一層の努力を要することを痛感しました」》（同前）

昭和天皇・香淳皇后両陛下の御訪問以後も反日感情は続いた。昭和天皇の御不例のときはイギリスの大衆紙が非常に侮蔑《ぶべつ》的な記事で憎悪を煽《あお》り、大喪の礼のときはオランダ国内の反対論が強かったためにベアトリクス女王が訪日できなかったほどであった。

第五章で述べたように、平成への御代替りで天皇陛下が採《と》られたのは、昭和と平成とを切り離してヴァイツゼッカーのように偽善的に歴史を回避する道ではなく、昭和天皇の御心と御事績を引き継ぐ道であった。

天皇皇后両陛下は、「真に国際親善の実をあげ、国際平和に寄与する」という重い課題を昭和天皇から引き継がれたのである。

まずオランダから見ていこう。

天皇皇后両陛下がオランダを国賓として訪問されたのは平成十二年のことである。昭和二十八年に皇太子として訪れられてから二度目、御即位後では初めてのオランダ訪問である。両陛下はこの御訪問で、一部のオランダ国民の間にわだかまっていた怒りや恨みの感情を大きく和らげられた。

《陛下は、この過去の問題に対して、きわめて誠実に向き合われました。アムステルダムの王宮の正面には戦没者慰霊碑があるのですが、両陛下はまず初めにそこを訪れられました。国賓ならば必ず訪れる場所ではありますが、このときは、テレビ中継が入るなど、とりわけ注目を集めていました。両陛下は、花輪を供え、長い心のこもった黙祷をされて、深い哀悼の意を表されました。その後、公式の晩餐会が始まる前に、女王陛下のご紹介で、インドネシアで抑留された経験のある人の代表とお会いになり、真剣に話をお聞きになりました。晩餐会の席上でも陛下はその人たちのことに触れ、彼らの心の傷に思いをいたされるお気持ちを述べられました。その真摯なお気持ちは多くのオランダ国民に伝わり、非常に強硬な抑留経験者の団体の代表が、心の問題はもうこれで癒えたと報道機関に語るまでになりました。

翌日、両陛下は、身体に障害を持つ子供たちのための施設をご訪問になりましたが、ボール紙の冠をかぶった小さい女の子が抱きついてきたのを抱きとめていらっしゃる皇后陛下のお写真が大きく新聞に載りました。またその翌日にはライデン大学に行かれ、学生寮を通りかから れたときに、その窓から顔を出した数人の女子学生と立ち話をされました。そのときの写真も、また次の日の新聞に大きく掲載されました。こうした和やかな写真にもにじみ出た両陛下のお人柄が、オランダの人々の気持ちを恨みや不信から愛情へと変えていったと、あるオランダの高官から後日送られてきた手紙にありました》（渡辺允「『良き日本』の象徴――天皇皇后両陛下」『外交フォーラム』二〇〇九年一月号）

戦歿者慰霊碑に黙祷して哀悼の意を表し、抑留経験者の心の痛みを受け止めて話を聞かれる――こうした両陛下の行動は、政府がいわゆる東京裁判史観に安易に迎合した「謝罪外交」とは全く違う。

御即位後初の御訪英は、平成十年五月末から六月初めにかけてのイギリス・デンマーク歴訪の御旅行だった。

イギリスでは王室や政府だけでなく多くのイギリス国民が歓迎の意を表したが、日本軍の捕虜だった人々の一部は、歓迎のために沿道に居並ぶ人たちの中で、わざと車列に背を向け、プラカードを掲げ、シュプレヒコールを挙げて謝罪と補償を要求した。

元捕虜の人たちのこうした行動をたしなめ、批判する声はイギリスの新聞の投書欄にいくつも上がっていたし、抗議行動をしたのは少数の人たちだったけれども、戦後五十年以上経っても日英の間に残る軋轢《あつれき》に深く思いを致された両陛下は、次の歌をお詠みになっている。

御製　英国訪問

戦ひの痛みを超えて親しみの心育てし人々を思ふ

御歌　旅の日に

語らざる悲しみもてる人あらむ母国は青き梅実る頃

陛下の御製は、イギリス人の元捕虜を日本に招いて対話に努める旧日本軍人の働きにお心を寄せられたものだ。皇后陛下の御歌は「英国で元捕虜の激しい抗議を受けられた折り、「虜囚」の身となったわが国の人々の上をも思われて詠まれた御歌」（宮内庁ホームページ）である。

もしも私たちが元捕虜の抗議行動を目にしたら、どういう思いを抱くだろうか。怒りと反発を感じるだろうか。凝《こ》り固まった憎悪を前にしてたじろぐだろうか。あるいは、「日本が悪かったからだ」とうなだれるだろうか。

両陛下は元捕虜の人たちの烈しい抗議行動を御覧になって、日本人の「戦ひの痛み」と、その痛みを乗り越えて良きことを為《な》そうとする旧日本軍人の営みを思われた。虜囚の身となった日本人の「語らざる悲しみ」を思われた。

たじろがず、阿《おもね》らず、敗戦国日本のおびただしい国民の痛みと悲しみ、そしてそれらを乗り越えようとする大勢の人々の勇気と意志を御心に蘇《よみがえ》らせていらっしゃったのだ。

「国がためあまた逝きし」人々、「精根を込め戦ひし」人々、「原爆のまがを患ふ」人々、「国のため尽くさむとして戦に傷つきし」人々、「山荒れし戦の後の年々に苗木植ゑこし」人々、そうした何百万人もの人々の魂と共に、両陛下は外国を御訪問になっている。「常に国民と共にある」とはそういうことだ。

「常に国民と共にある」という言葉にはそういう意味もあるのだ。この言葉の意味のただならぬ深さに驚かずにはいられない。

国家間の友好の根源にある人と人の信頼関係を重視

陛下は皇太子時代からたびたび外国御訪問に対するお考えを述べられているが、内容はずっと一貫している。決して相手国を一枚岩では御覧にならない。そして国家間の友好の根源には人と人との信頼関係がある、というお考えだ。

《国と国との関係はそのときどきの政治情勢や経済情勢によって影響を受けますが、国民と国民との交流と理解が進み、友好関係が確立している場合には国家間の問題を越えて続いていくものと思います。国と国との関係がこのような互いの信頼関係に支えられていることはたいへん重要なことと思います。この意味においてさまざまな分野を通じて国民と国民とが相互理解に基づく友好関係を築いていくことは、国際親善の上から意義深いことと考えます。私もこのことを念頭に置きながら多くの人々と接し相互理解に基づく友好関係がさらに深まるよう努めていきたいと思っています》（平成六年九月二十一日、欧州二カ国御訪問前の御会見）

《人と人とがお互いを理解し、友情を築くことによって国家間の相互理解、友好関係も確固とした礎の上に立つことになると思います》（平成四年十月、中国記者に対する御回答）

《人の心と心は誠意をもって接すれば、国境を越えて通じるものと考えています》（平成四年十月二十七日、中国御訪問中の上海での御会見）

「人の心と心は誠意をもって接すれば、国境を越えて通じる」という人間に対する信は、昭和天皇の御聖断と共通している。

第七章で述べたように、昭和天皇は近衛文麿《このえふみまろ》元総理大臣から近衛上奏文をお受けになっていた。近衛上奏文とは、革新右翼や一部の軍人は「国体の衣を着た共産主義者」であって、日本を滅ぼす売国奴であると告発するものだった。

しかし、昭和天皇はその人々を敵として分断するようなことはなさらなかった。陸海軍将兵はポツダム宣言受諾を知れば激しく動揺するだろうし、その気持ちをなだめることは難しいだろうけれども、御自分が親しく話をすれば必ず真心が通じるという信頼をお持ちだった。また、アメリカの対日強硬論を耳にされていた一方で、アメリカ内部が日本への憎悪一辺倒の一枚岩ではないことも把握《はあく》されていた。

国と国の関係、人と人の信頼に対する昭和天皇の深いお考えは、天皇皇后両陛下に受け継がれている。それは、皇后陛下が平成六年の外国御訪問前に記者会見で述べられた次のお言葉にも表れている。

《国と国同士が難しい関係に立たされているとき、その状況に耐え、状況の改善に忍耐強く努力する人々が両方の国に存在するような、そうした二国間の関係を築くことが大切ではないかと考えています》

国家間は難しい関係に陥ることがあり得る。しかし、その「難しい状況に耐え、状況の改善に忍耐強く努力する人々が両方の国に存在する」ことを理解することがあって初めて「誠意をもってすれば心は通じる」という信は成り立つ。言い換えれば国と国が対立関係にあっても、どちらの側も一枚岩ではないことを冷静に見据えつつ、忍耐をもって働きかける努力を率先して続けて来られたのが皇室なのである。

外国御訪問に対する両陛下のお言葉と、海外でのお振る舞いは、陛下が皇太子時代から沖縄に対して述べられてきた、以下のようなお言葉に現れている御心に通底するものがある。

《火炎びん事件や熱烈に歓迎してくれる人達……こうした状況は、分析するものではなく、それをあるがままのものとして受け止めるべきだと思う》

《払われた多くの尊い犠牲は、一時（いっとき）の行為や言葉によってあがなえるものではなく、人びとが長い年月をかけてこれを記憶し、一人ひとり、深い内省の中にあって、この地に心を寄せ続けることをおいて考えられません》

対立やわだかまりを乗り越えて相互理解を成り立たせるため、相手に阿《おもね》るのではなく真摯に向き合い、忍耐強く働きかけ続ける――こうした姿勢と行動には、静かな勇気が満ちている。

甘いユートピア幻想ではなくリアリズムに基づき、対立や矛盾の現実を前提としつつも、なお、困難に耐えて努力することを諦《あきら》めず、最終的には誠意が通じることを信ずる。これが陛下の「相互理解」に対する基本的なお考えであることがお言葉から読み取れる。

日本の精神文化を発信する皇室の力

「相互理解」は、相手を理解しようとするだけでなく、自らを相手に理解させるための働きかけを含むものだ。そのためには、示すべき自己を自らが把握していることが前提である。

外国公式訪問の晩餐会で陛下が述べられるお言葉を注意深く読んでいくと、日本の歴史と文化の素晴らしさを、考え抜かれた表現で示されていることが読み取れる。

たとえば、平成六年のフランス訪問で述べられた次のお言葉は、フランスの歴史と文化を深く理解し、敬意を払いつつ、日本がどのような国なのかを、日本の歴史と文化もろとも鮮やかに描き出されている。

《歴史を振り返りますと、貴国との交流は、我が国が鎖国をやめ、貴国を含む諸外国と国交を開いた十九世紀半ば以降に始まります。欧米諸国に伍して独立を守り、国を発展させるために、我が国は貴国を含む欧米諸国の様々な文物を学びました。中でも初等教育の充実に関し、我が国が貴国から学んだものはその後の我が国の発展に大きな意味を持ったのではないかと考えます。当時すでに我が国では藩校や寺子屋があり、教育に大きな力が入れられておりましたが、明治五年、一八七二年には主に貴国の制度を参考にし、新しく学制が発布されました。その中には、「一般の人民必ず邑に不学の戸なく、家に不学の人なからしめん事を期す」という理想がかかげられております。

日仏の交流の中で、芸術はやはり特筆されるべきものでありましょう。多くの我が国の芸術家がこの国で学び、また、我が国の芸術がこの国の芸術家に少なからぬ関心を持たれたことを聞き及んでおります。両国は相異なる文化圏に位置しつつも、共に文化を重んじ、生活の中に美を求めるという基本的な在り方において、共通なものを有していたのではないかと感じております》

第一章で述べたように、明治以降の日本のエリートは日本の歴史・文化・伝統を否定することが日本を守ることであると思い込み、自分を見失っていた。だが陛下のお言葉はそれとは対照的に、礼儀正しい中にも日本の歴史と文化の素晴らしさを堂々と伝えるものだ。

第一に、日本が幕末に諸外国と国交を開いて欧米諸国の文物を学んだのは「独立を守り、国を発展させる」ためであったという当時の国際情勢に言及されている。

第二に、教育制度についてフランスから学んだことに感謝を示しつつ、「当時すでに我が国では藩校や寺子屋があり」と、日本の教育水準の高さを示され、「一般の人民必ず邑に不学の戸なく、家に不学の人なからしめん事を期す」という明治の理想もお述べになった。

そして芸術については、「多くの我が国の芸術家がこの国で学び、また、我が国の芸術がこの国の芸術家に少なからぬ関心を持たれた」という相互的な貢献に触れられ、日仏は「共に文化を重んじ、生活の中に美を求めるという基本的な在り方において、共通なものを有していた」と評されている。

日本が一方的に学んだという構図ではない。礼儀正しく、しかしあくまでも対等に、日本の歴史と精神文化の高さを発信していらっしゃるのだ。

戦前の日本が孤立を深めていったとき、「日本とはどういう国であるのか」を他国に発信して知らせることが何としても必要であるとお考えになっていたのはほかならぬ昭和天皇である。侍従武官本庄繁《しげる》の『本庄繁日記』によると、日本が国際連盟を脱退した昭和八年、昭和天皇は次のようにおっしゃっていた。

《国際関係を円滑ならしむる為め、互に往来を繁くする事も必要と思はるゝが、前に米国より帰米せし樺山の話に、英国の如きは米国に英国の文化其他実相を知らしむべき宣伝機関を設け、米国民にして英国の事を知らんとするものは其宣伝所に至れば、何事にても判る如く成れりと云ふ。朕も亦、日本も此種帝国の精神文明の真相を他国民に知らしむべき機関を、米国、英国、仏国等の主要都市に設置するを可なりと想ひ、広田外相にも語りたる次第なり》

また、終戦前後に昭和天皇の侍従次長だった木下道雄氏の『側近日誌』には、昭和二十一年一月にアメリカの雑誌『ＬＩＦＥ』からの質問と昭和天皇の御回答が記録されている。「今度の日米戦争の最大の原因は何なりと考えられるや」という質問に対して、昭和天皇は「日米戦争の最大要因は、両国民が互いに信じ合わざりしことに存する」と答えられている。

戦前、日清・日露戦争に勝ち、第一次世界大戦にイギリスの同盟国として参戦した日本は欧米に伍して大国の一つになったが、列強の中で日本だけが有色人種の国であり、宗教を異にしていた。

戦間期、特に一九三〇年代、その隙《すき》につけ込む形で、アメリカ国内で反日宣伝が盛んに行われていたときも、日本は自らを知らせる努力が足りなかった（今も足りない）。

昭和天皇は、日本が自らの「精神文明の真相」を広く知らしめる努力が足りなかったことがアメリカ国民の不信を招き、日米戦争の原因の一つになったと指摘されているのだ。そして、日本を再建し、守っていくために、白色人種の日本に対する偏見を払拭《ふっしょく》し、尊敬心と信頼心を高めて相互理解の実を上げることがぜひとも必要であるとお考えになったのである。これが、亡国に瀕した敗戦と占領の体験を経て、昭和天皇が痛恨の思いで掲げられた国家再建の指針である。

戦後の日本政府も言論人の多くも、残念ながら昭和天皇の指針を十分に実行に移してきたとは言えないことは第四章と第五章で述べた通りだ。日本の精神文化を発信し、広く他国に理解させる努力をするどころか、偏狭な憲法解釈を推し進めて、歴史と伝統の根幹である宮中祭祀《さいし》すら危うくしてきた。

しかし、天皇陛下は全くぶれずに昭和天皇の御心を継承し、日本とは何者であるのか、日本の精神文明は如何なるものであるのかを発信し続け、国際社会における日本の品位を高めてこられた。

日本を守るためには軍事力や経済力だけではなく、「相互理解」の実を上げて他国から尊敬と信頼を得るというソフト・パワーも欠かすことはできない。

相手国の大小にかかわらず、その国の歴史と文化を知るために力を尽くされる一方で、日本の歴史・伝統・文化とその精神性を深く学ばれ、考え抜かれた表現で「日本とはどういう国か」を発信される——こうした陛下の「相互理解」の思想と御努力によって、国際社会における日本の評価が支えられてきていることを自覚したいものである。

なぜ自覚というのか。

国際社会は、こうした苦闘を続けてこられた天皇陛下を日本の代表、元首だと見なしている。だが日本政府だけは、宮澤憲法学と内閣法制局という官僚風情に呪縛《じゅばく》されて、相変わらず「政府のロボット」説にこだわり、天皇陛下が日本の代表かどうかも曖昧《あいまい》にしたままだ。

皇室の御存在の価値を理解できない日本政府をいただく悲劇を乗り越えることができる日はいつのことだろうか。

おわりに――皇室を支える国民の務め

国民の幸福を祈る皇室の伝統

「われわれは、国民の側が何もしなくても皇室は続くと誤解してきたのではなかったのか」

天皇陛下が二〇一六年（平成二十八年）八月八日、テレビを通じて発表された「象徴としてのお務めについての天皇陛下のおことば」を拝聴して、まず思ったのはこのことだった。

冒頭、陛下はこう仰《おお》せになっている。

《戦後七十年という大きな節目を過ぎ、二年後には、平成三十年を迎えます。

私も八十を越え、体力の面などから様々な制約を覚えることもあり、ここ数年、天皇としての自らの歩みを振り返るとともに、この先の自分の在り方や務めにつき、思いを致すようになりました。

本日は、社会の高齢化が進む中、天皇もまた高齢となった場合、どのような在り方が望ましいか、天皇という立場上、現行の皇室制度に具体的に触れることは控えながら、私が個人として、これまでに考えて来たことを話したいと思います》

実は、現行憲法の第四条は「天皇は、この憲法の定める国事に関する行為のみを行ひ、国政に関する権能を有しない」と規定している。天皇が皇室制度について言及することも「国政に関わる」ことなのでダメだと主張する学者もいる。政治家も国民も、皇室制度について、あれこれと発言することは自由なのに、天皇陛下と皇族だけは自らの皇室制度について発言してはいけないというのだ。

このため、天皇陛下は皇室制度について発言することを控えてこられたわけだが、今回、敢えて《個人として》意見を公表された。これは極めて異例のことだ。

今から七十数年前、日本は戦争に敗北し、アメリカを中心とした占領軍が日本を占領し、日本の政治、教育、社会、家族制度などを変えた。憲法も変えさせられ、皇室については第一条で「天皇は、日本国の象徴であり日本国民統合の象徴」と規定された。

問題になったのは、その「象徴」の意味だ。

「象徴」とは、外国の国王と同じことなのか、そうでないのか、憲法学者の間で意見が分かれ、未だに一致していない。しかも「天皇はめくら判を押すロボットだ」とする東京大学の宮《みや》澤俊義《ざわとしよし》教授の学説が憲法学の主流になってしまっている。

憲法に「日本国民統合の象徴」と規定された以上、日本国民を統合するために天皇は何らかの役割を果たすべきだが、具体的に何をすれば国民を統合することになるのか、明確な指針は憲法に明記されなかった。

そこで現行憲法下で初めて皇位を継承された天皇陛下は、歴代天皇の歴史や憲法などを研究されながら、「日本国民統合の象徴」たる天皇は何をすべきなのか、懸命に模索してこられた。

《即位以来、私は国事行為を行うと共に、日本国憲法下で象徴と位置づけられた天皇の望ましい在り方を、日々模索しつつ過ごして来ました。伝統の継承者として、これを守り続ける責任に深く思いを致し、更に日々新たになる日本と世界の中にあって、日本の皇室が、いかに伝統を現代に生かし、いきいきとして社会に内在し、人々の期待に応えていくかを考えつつ、今日に至っています》

このように陛下は、国民統合の象徴たる天皇の役割は、《伝統の継承者》として皇室の伝統を守り伝えると共に、国民の期待に応えていくことだとお考えになってきた。

この見解は、実は憲法制定当時の日本政府の見解を踏まえたものだ。実は憲法制定当時、天皇陛下を中心に結束してきた日本の国柄＝国体は変更されたかどうか、ということが大きな議論になった。
当時の日本政府の見解は、天皇の位置づけが「統治権の総攬者」から「国民統合の象徴」に変更されたことで政体＝政治の仕組みは変更された。しかし、次の答弁のように、国民の幸福を祈る皇室の伝統＝国体は現行憲法でもいささかも変わっていないというのが政府見解であったのだ。

《御歴代の天皇の御歌等に付て考へて見ても、民の心を以て心とするとか、民の幸福を念とせられる御歌は、御歴代の天皇の御歌にある、民主主義政治は今日に始ったのではない、即ち日本の國體《こくたい》に於《お》ては、國體なるものは變更《へんこう》されて居るのではない》（吉田茂国務大臣、貴族院帝国憲法改正案特別委員会、昭和二十一年九月五日）

皇室が続くためには国民の理解が必要

そこで現行憲法制定当時の政府見解を踏まえ、国民の幸福を祈念する皇室の伝統を受け継いで天皇陛下はこの二十数年、懸命に務めを果たしてこられたが、今回、お体のことからその務めが果たせなくなると仰せになっている。

《そのような中、何年か前のことになりますが、二度の外科手術を受け、加えて高齢による体力の低下を覚えるようになった頃から、これから先、従来のように重い務めを果たすことが困難になった場合、どのように身を処していくことが、国にとり、国民にとり、また、私のあとを歩む皇族にとり良いことであるかにつき、考えるようになりました。既に八十を越え、幸いに健康であるとは申せ、次第に進む身体の衰えを考慮する時、これまでのように、全身全霊をもって象徴の務めを果たしていくことが、難しくなるのではないかと案じています》

ここで誤解してならないことは、陛下は高齢になったから引退したいと仰せになったのではなく、体力的に務めが果たせなくなることで国民の期待に応えることができなくなることを心配されている、ということだ。

《私が天皇の位についてから、ほぼ二十八年、この間私は、我が国における多くの喜びの時、また悲しみの時を、人々と共に過ごして来ました。私はこれまで天皇の務めとして、何よりもまず国民の安寧と幸せを祈ることを大切に考えて来ましたが、同時に事にあたっては、時として人々の傍らに立ち、その声に耳を傾け、思いに寄り添うことも大切なことと考えて来ました。天皇が象徴であると共に、国民統合の象徴としての役割を果たすためには、天皇が国民に、天皇という象徴の立場への理解を求めると共に、天皇もまた、自らのありように深く心し、国民に対する理解を深め、常に国民と共にある自覚を自らの内に育てる必要を感じて来ました》

ここで陛下は極めて重要なことを指摘されている。《国民統合の象徴としての役割を果たすためには、天皇が国民に、天皇という象徴の立場への理解を求める》という一節だ。国民統合の象徴が成り立つためには、天皇陛下の努力だけでなく、国民の側が象徴としての天皇に対する「理解」が必要だと指摘されていらっしゃるのだ。

皇室が国民統合の象徴であり続けるためには、国民の側にも、皇室、特に皇室の伝統を理解しようとすることで「皇室を支える国民の務め」を求められている、ということだ。

しかし、残念ながら日本の学校教育では、皇室についての理解を深める教育はほとんどなされていない。それどころか、国歌「君が代」反対闘争という形で、皇室批判の教育が横行している。マスコミもまた、皇室のことをあまり報じないし、日本政府も、天皇陛下のお誕生日などに盛大な行事をするなどして、天皇についての国民の理解を深めるといった最低限のことさえもしてこなかった。

陛下の努力によって成り立ってきた皇室と国民の絆

しかし、国民の理解なくして皇室は続かない。

そう考えられた陛下は、全国各地に出向かれて、直接、国民一人一人に理解を求めてこられた。

それでなくとも陛下は元旦から始まって毎月のように行われる祭祀や宮中行事だけでなく、外国大使の接受や法律の公布などの国事行為などで多忙を極めていらっしゃるが、それに加えて全国各地を訪問してこられた。

《こうした意味において、日本の各地、とりわけ遠隔の地や島々への旅も、私は天皇の象徴的行為として、大切なものと感じて来ました。皇太子の時代も含め、これまで私が皇后と共に行って来たほぼ全国に及ぶ旅は、国内のどこにおいても、その地域を愛し、その共同体を地道に支える市井の人々のあることを私に認識させ、私がこの認識をもって、天皇として大切な、国民を思い、国民のために祈るという務めを、人々への深い信頼と敬愛をもってなし得たことは、幸せなことでした》

全国各地を訪問された際は、地方の代表者だけでなく、農業、漁業、福祉などの関係者ともお会いになられたおかげで、国民の側も、天皇陛下が《国民を思い、国民のために祈るという務め》をされていることを深い感動とともに理解できたのだ。

世論調査でも、国民の大多数は皇室を支持しているが、それは、ひとえに全国各地を訪問されてこられたことも含め、陛下の超人的な努力のおかげなのだ。その間、政府は何をしたというのか。

戦後の皇室は、昭和天皇、天皇陛下、皇族の方々の懸命な「務め」によって支えられてきたのであって、国民は一方的に皇室に甘えてきたのだ。

ところが、天皇陛下が高齢となられたことから、懸命な御努力を続けることが体力的に困難になった。

《天皇の高齢化に伴う対処の仕方が、国事行為や、その象徴としての行為を限りなく縮小していくことには、無理があろうと思われます。また、天皇が未成年であったり、重病などによりその機能を果たし得なくなった場合には、天皇の行為を代行する摂政を置くことも考えられます。しかし、この場合も、天皇が十分にその立場に求められる務めを果たせぬまま、生涯の終わりに至るまで天皇であり続けることに変わりはありません》

現行の皇室制度では、陛下が活動できなくなった場合、「摂政」を置く仕組みが存在するが、このお言葉を読む限り、陛下は「摂政」には否定的だと拝察される。

問題は、その理由だ。

そもそも天皇陛下が「未成年」であったり、「摂政」を置くような事態になったりして、天皇陛下自らが「皇室に対する理解」を国民に求める活動を十分にできなくなっていくと、皇室は続かなくなる恐れがあると、陛下はお考えになっているのではないか。

国民と共にある皇室が続いていくために

続いて陛下はこう仰せになっている。

《天皇が健康を損ない、深刻な状態に立ち至った場合、これまでにも見られたように、社会が停滞し、国民の暮らしにも様々な影響が及ぶことが懸念されます。更にこれまでの皇室のしきたりとして、天皇の終焉に当たっては、重い殯《もがり》の行事が連日ほぼ二ヶ月にわたって続き、その後喪儀に関連する行事が、一年間続きます。その様々な行事と、新時代に関わる諸行事が同時に進行することから、行事に関わる人々、とりわけ残される家族は、非常に厳しい状況下に置

かれざるを得ません。こうした事態を避けることは出来ないものだろうかとの思いが、胸に去来することもあります》

陛下の父君、昭和天皇は晩年、意識不明の重体となり、「自粛」と称して国民の側は、派手な音楽を流したり、お祝い行事をしたりすることを控えるようになった。

それは、昭和天皇が早くお元気になられますようにとの国民の真心から出た行動だったが、マスコミやサヨクの一部は「自粛」によって売れ行きが悪くなったお店やコンサートが中止となって反発した若者たちの声ばかりを拾って、「天皇が存在することで国民は迷惑を蒙っている」という皇室批判を繰り広げた。

加えて昭和天皇の御葬儀と天皇陛下の皇位継承儀式について定めた旧皇室典範が廃止されてしまっていたことから、内閣法制局やサヨクの憲法学者たちが、伝統に基づいて喪儀や皇位継承儀式をすることは「違憲だ」と騒いだ。

御喪儀から皇位継承という期間に再び、サヨク・マスコミから激しい皇室批判が繰り広げられたら果たして皇室はどうなっていくのか。昭和天皇のときも、政府は内閣法制局の言いなりで、皇室の伝統を守るべく敢然と動いたのは、民間有志であった。陛下が御心配になるのも無理はない。

陛下は最後にこう仰せになっている。

《始めにも述べましたように、憲法の下、天皇は国政に関する権能を有しません。そうした中で、このたび我が国の長い天皇の歴史を改めて振り返りつつ、これからも皇室がどのような時にも国民と共にあり、相たずさえてこの国の未来を築いていけるよう、そして象徴天皇の務めが常に途切れることなく、安定的に続いていくことをひとえに念じ、ここに私の気持ちをお話しいたしました。

国民の理解を得られることを、切に願っています》

注目すべきは、《象徴天皇の務めが常に途切れることなく、安定的に続いていくことをひとえに念じ》という一節だ。現状のままでは、象徴天皇の務めが「途切れたり」、「安定的に続」かない恐れがあるとお考えになっているからこそ敢えて陛下はこのような言葉遣いをなされたのではないか。

よって政府がなすべきことは、《我が国の長い天皇の歴史を改めて振り返りつつ、これからも皇室がどのような時にも国民と共にあり、相たずさえてこの国の未来を築いていけるよう》にするために、旧皇族の男系男子孫の皇籍取得をはじめとして、現行憲法下で改悪された皇室制度について見直し、憲法解釈とその運用なども改善することであったはずだ。

ところが政府は、天皇陛下の「譲位」を実現することだけを議論し、特例法を成立させただけであった。天皇陛下の問題提起を正面から受け止めることなく、「譲位」という問題に矮小《わいしょう》化させてしまった政府の不作為は、厳しく問われるべきだ。

というのも本書でも縷々《るる》指摘したように、内閣法制局の一方的な解釈の下で、宮中祭祀を含む皇室の伝統は軽視され排除され、昭和天皇も天皇陛下もご苦労をされてきたが、こうした問題点を放置したことになるからだ。

後奈良天皇に言及された皇太子殿下

このままだと次の御代でも、天皇陛下は、皇室の伝統を軽視した内閣法制局のもとで、あれこれと干渉され、皇室の伝統を守ることもままならない状況に追い込まれていくことになるだろう。

そうした政府、内閣法制局の無理解の下で皇位を継承しなければならないことを、皇太子殿下は覚悟されているようだ。

皇位継承を翌年に控えた平成三十年二月二十一日、お誕生日の記者会見に応じられた殿下は、冒頭、こう仰せになっている。

《昨年の誕生日会見でもお話ししたとおり、陛下のビデオメッセージを厳粛《げんしゅく》な思いで拝見いたしましたし、陛下のお考えを真摯《しんし》に重く受け止めております。また、長きにわたり、両陛下が一つ一つの行事を大切に思われ、真摯に取り組まれるお姿を間近に拝見してまいりましたので、「天皇の退位等に関する皇室典範特例法」の施行日が決まったことを受け、改めて、両陛下のこれまでの歩みに思いを致すとともに、深い感慨と敬意の念を覚えております。

今後とも、両陛下の御公務に取り組まれる御姿勢やお心構え、なさりようを含め、そのお姿をしっかりと心に刻み、今後私自身が活動していくのに当たって、常に心にとどめ、自己の研《けん》鑽《さん》に励みつつ、務めに取り組んでまいりたいと思います。

また、昨年は、三条《さんじょう》天皇、伏見《ふしみ》天皇、後陽成《ごようぜい》天皇の三方の歴代天皇が崩御されてから、それぞれ、千年、七百年、四百年という年に当たり、式年祭が行われた関係で、各天皇の御事績を伺う機会があったほか、秋に訪れた醍醐寺では、後奈良天皇を始め、多くの宸翰《しんかん》を拝見することができました。私としては、こうした、過去の天皇が人々と社会を案じつつ歩まれてきた道を振り返る機会も大切にしていきたいと思います》

ここで注目したのは「後奈良天皇」に言及されたことだ。

本文でも書いたが、昭和六十一年五月二十六日、当時皇太子だった天皇陛下も読売新聞への文書回答で「後奈良天皇」について言及されている。

後奈良天皇もまた、ときの政府の理解のなさに苦しみながらも、ひたすら国民の安寧《あんねい》を祈念された方であった。

繰り返すが、天皇陛下が後奈良天皇に言及された昭和六十一年当時は、内閣法制局長官が「大嘗祭は国の行事としては行えない」と明言していた時期だ。

陛下が後奈良天皇について言及されたのは、御自身も後奈良天皇のように政府の支援を得られず大嘗祭を挙行できないかもしれないが、「国民と苦楽をともに」ひたすら写経して祈りを捧げられた後奈良天皇の御事績に倣《なら》って国民の安寧を祈り続ける御覚悟をお持ちだったからではないか。そして、その御覚悟を貫かれた平成の御代であったと受け止めるべきではないだろうか。

畏《おそ》れ多いことながら、その陛下の壮絶な御覚悟を受け継ぐつもりであることを、皇太子殿下は「後奈良天皇」に言及されることで言外に示されたのではないのか。

殿下は、前述の記者会見でこうも仰せになっている。

《新しい時代の天皇、皇后の在り方ということについては、冒頭にも述べたとおり、両陛下も大事にされてきた皇室の長く続いた伝統を継承しながら、現行憲法で規定されている「象徴」としての天皇の役割をしっかりと果たしていくことが大切だと考えています》

殿下は、天皇陛下の戦いを引き継ごうとされている。

その戦いをお支えし、政府・内閣法制局の問題点を克服するためにも、本書を通じて「皇室を支える国民の務め」を自覚する国民が一人でも多く増えることを願っている。

【著者プロフィール】

江崎道朗（えざき　みちお）

評論家。1962年、東京都生まれ。九州大学卒業後、月刊誌編集、団体職員、国会議員政策スタッフを務めたのち、現職。安全保障、インテリジェンス、近現代史などに幅広い知見を有する。論壇誌への寄稿多数。著書に、『コミンテルンの謀略と日本の敗戦』『日本占領と「敗戦革命」の危機』（ともにPHP新書）、『日本は誰と戦ったのか』（KKベストセラーズ、第1回アパ日本再興大賞受賞）、『知りたくないではすまされない ニュースの裏側を見抜くためにこれだけは学んでおきたいこと』（KADOKAWA）など多数。

●写真協力

近現代フォトライブラリー

天皇家　百五十年の戦い

2019年４月１日　第１刷発行
2019年５月１日　第２刷発行

著　者　江崎道朗
発行者　唐津　隆
発行所　株式会社ビジネス社
〒162－0805　東京都新宿区矢来町114番地
神楽坂高橋ビル５Ｆ
電話　03－5227－1602　FAX 03－5227－1603
URL　http://www.business-sha.co.jp/

〈カバーデザイン〉常松靖史（チューン）
〈本文DTP〉メディアネット
〈印刷・製本〉モリモト印刷株式会社
〈編集担当〉佐藤春生〈営業担当〉山口健志

ISBN978-4-8284-2078-3